Eicher Schreibstubb:

Aus Rhoihesse un vum Land

EICHER SCHREIBSTUBB:
AUS RHOIHESSE UN VUM LAND

aufgeschrieben im biografischen Schreibkurs

„Das Leben schreibt die besten Geschichten"

an der VHS Eich

mit Texten von:

Stefanie Böger, Gisela Diehl, Andrea Dörrschuck, Rita Eckert,
Marita Gordner, Anne Michel, Dagmar Rückrich-Menger,
Sabine Tinnacher, Marlies Uhrig und Elisabeth Vierheller

Herausgegeben von Maria Schmitz

Impressum:

© 2024 Das Biografie-Institut, verantwortlich für den Inhalt:
die jeweiligen Autorinnen

Fotos: S. 22, 24, 27 Familienarchiv Marlies Uhrig,
S. 18, 47 Familienarchiv Andrea Dörrschuck,
alle anderen Fotos: Maria Schmitz

Redaktion. Lektorat und Satz:

Das Biografie-Institut

Maria Schmitz, Dienheim
www.biografie-institut.de

Verlag: BoD • Books on Demand GmbH, In de Tarpen 42,

22848 Norderstedt

Druck: Libri Plureos GmbH, Friedensallee 273, 22763 Hamburg

ISBN: 978-3-7693-0002-4

Inhaltsverzeichnis

Vorwort

„Das Leben schreibt die besten Geschichten." Unter diesem Motto begann im Frühjahr 2015 an der Volkshochschule in Alsheim ein biografischer Erzähl- und Schreibkurs. Im Zentrum standen dabei elementare Fragen: Wer sind wir? Woher kommen wir? Warum sind wir, wie wir sind? Was hat uns geprägt? Dazu gehören die Umgebung, das Dorf, in dem wir aufgewachsen sind, sowie Menschen, die für uns wichtig waren.

Entstanden ist inzwischen eine Vielzahl lebendiger Geschichten aus Rheinhessen. Sie berichten vom Zusammenleben auf dem Dorf und von Dingen, die es einmal gab und die heute bereits Geschichte sind. Es sind lebendige Kindheitserinnerungen und heitere Anekdoten, aber auch Nachdenkliches und Ernstes. Vor allem sind es wahre Geschichten aus dem Alltagsleben in Rheinhessen, ein Stück Zeitgeschichte, das uns verdeutlicht, wie vieles sich in den letzten Jahrzehnten verändert hat.

„Das müsstest Du eigentlich mal aufschreiben!" Wie oft fällt dieser Satz, wenn Menschen aus ihrem Leben erzählen. Die vorliegenden Texte wollen Sie dazu ermutigen!

Maria Schmitz

Aus Rhoihesse un vum Land

Rheinhessen

„Mir sin die Leid vom Rhoi seim Knie…" so singen in einem Lied die Dautenheimer Bembelsänger. Das bezeichnet schon einmal die Lage meiner Heimat und sagt aber auch etwas über die Herkunft aus.

Seit Jahrhunderten ist das Land der Reben und der Rüben geprägt von Landwirtschaft und Viehzucht, dem Weinbau und dem Wein. Hier lebten fleißige, gottesfürchtige Menschen. Sie waren abhängig vom Wetter, der Bodengüte, der wechselnden Obrigkeit und der Kirche, die den Zehnten beanspruchte und das Leben der Menschen im Alltag prägte. Regelmäßiger Kirchgang am Sonntag war selbstverständlich und „Des Gesangbuch muss basse, sunscht klapps net mim heirade" sagte man früher bei uns.

So is der Rhoihess! Er sagt, was er denkt, spricht, wie ihm der Schnabbel gewachsen ist, tritt ein für seine Überzeugung, auch wenn er damit mal aneckt. Die Familie hält zusammen, egal was kommt.

In unseren kleinen Dörfern hat die Kirchengemeinde und Ortsgemeinschaft immer noch einen hohen Stellenwert, auch die Vereine und die langjährige Mitgliedschaft dort werden geschätzt und bewertet. „Roigerutschte" haben es manchmal schwer, bis sie wirklich dazu gehören.

In Rheinhessen isst man gerne gut und deftig. Sterneköche haben es hier schwer. Nach dem Motto: „Mer essen gern rhoihessisch viel, net vornehm wenig." Wie z.B. Hausmacherworscht, Handkäs mit Musik, Spundekäs und Quellde, Kartoffelsupp un Schweinefüssjer, Dampnudele un Quetschekuche und bitte von allem reichlich, denn „Mer strunzen net, mer hun!!!", sagt der Rhoihesse.

Gastfreundschaft wird großgeschrieben in der Region. „Hol e mol ruff", war die erste Anweisung meines Großvaters, wenn Besuch kam, ich ging dann mit dem Steinkrug in den Keller und zapfte Wein. Auch in unseren vielen Straußwirtschaften kann man das fröhliche Miteinander beim Wein noch hautnah erleben. „Wann's eng werd, do ricke mer zusamme, un wer bei uns en (A..) Hinnern hot, der find ach en Platz. Un wann oner, one ausgewe will, halt en bloss net uff!"

Inzwischen hat die neue touristische Vermarktung von Rheinhessen Fahrt aufgenommen. Wir punkten mit den gepflegten Weinbergen und ihren Wingertsheisjern, den Streuobstwiesen und den vielen kleinen Teichen und Seen, die durch den Kies- und Sandabbau entstanden sind.

Die Kultur- und Weinbotschafter mit ihren Führungen haben Rheinhessen erlebbar und bekannt gemacht. Das gute Wetter mit viel Sonnenschein rundet das Gesamtbild ab. Der Name Wonnegau für unsere Region könnte passender nicht sein.

Marlies Uhrig

Stefanie Böger ist eine „Roigerutschde" und schildert im folgenden Text aus der Außensicht ihre ersten Eindrücke von der Region Rheinhessen und ihren Menschen.

Der feine Unterschied

Wissen Sie, ich bin eine Zugezogene. Das ist hier fast so etwas wie eine Ausländerin, aber nur fast. Ich bin vor jetzt gut fünf Jahren aus Hessen ins wunderschöne Rheinland-Pfalz gezogen. Genauer gesagt in einen Vorort der heimlichen Hauptstadt Rheinhessens, Alzey. Außerhalb von Alzey konnte mir diesen Status bisher niemand bestätigen, aber im Sinne der persönlichen Integration tradiere ich ihn als Fakt getreulich weiter. Heimlich besagt ja gerade, dass nicht jeder um diesen Umstand weiß. Ich bin also quasi immerhin auf dieser Ebene bereits einheimisch. Auf allen anderen relevanten Ebenen nicht. Ich darf hier wohnen und arbeiten, aber den wirklich saftigen Tratsch verrät man mir nicht. Ich darf den Wein kosten und kaufen, aber solange ich noch instinktiv Weinberg und nicht Wingert sage, gehöre ich einfach nicht dazu. Hätte ich Kinder, könnten meine Enkel es vielleicht beizeiten schaffen.

Und ich muss zugeben, für eine Ostwestfälin (Hessen hatte sich nur als kleines Intermezzo der Liebe halber ergeben) ist das Leben in Rheinhessen auch wirklich ein Kulturschock. Ich meine das gar nicht unbedingt negativ. Hier gibt es sonnige Sommer, milde Winter, Berge haben in der Regel mit Wein zu tun, und Menschen lächeln einen häufiger mal einfach so an – ganz ohne Grund. Gehen Sie mal in Paderborn durch die Fußgängerzone. Da ist nicht nur der Regen eiskalt.

Der Rheinhesse ist stolz auf seine Tradition und die malerischen kleinen Dörfer mit teilweise jahrhundertealtem Baubestand. Hier werden Häuser abgerissen, für deren Erhaltung man in Niedersachsen wahrscheinlich mit Zuschüssen vom Denkmalsamt zugeschüttet würde. Es gibt hier einfach so viele davon, eines mehr oder weniger fällt kaum auf. Ich habe mit der Zeit die Theorie entwickelt, dass die unterschwellig scheinbar dauerhaft vorhandene gute Laune der Rheinhessen in direkter Relation zu den zig Generationen des Weinanbaus steht. Wenn man hier Blutspenden sammelt, muss man vom Bruttoertrag einen ordentlichen Reb-Anteil abziehen.

Wie gesagt, das ist alles gar nicht so schlimm. Meist schmunzele ich einfach nur, wenn mir mal wieder eine urige Eigenheit des Rheinhessen auffällt. Sie sind ja auch grundsätzlich freundlich, was soll ich mich also beschweren. Manchmal ist es aber dann doch etwas … nun ja… kompliziert, wenn man als Alien in direkten Kontakt mit den Einheimischen kommt. So wie an meinem allerersten Tag als Einwohnerin.

Am Freitag zuvor hatte ich den Wohnungsschlüssel bekommen, Sonntag war ich mit Matratze, Mikrowelle und Reisetasche zur provisorischen Übernachtung angetreten, und am Montag stand das erste Pendeln zur Arbeit auf dem Plan. Normalerweise habe ich meinen getreuen Alice

Cooper, der mich von A nach B bringt. Aber just in dieser ersten Woche brauchte mein damaliger Lebensgefährte den Mini kurzfristig. Wie gut, dass es eine online recherchierbare Busverbindung gab. Ich habe mir Linien und Haltestellen eingeprägt, und bin tatsächlich auch unbeschadet zur Arbeit gelangt. Das Problem ergab sich erst auf der Rückfahrt. Dann aber auch gleich so richtig.

Kennen Sie das, wenn die Haltestellen-Ansagen in den Öffis, über uralte Lautsprecher genuschelt, auch dem geneigtesten Zuhörer völlig unverständlich bleiben? Und wenn man sich darüber hinaus im Zielgebiet noch nicht so recht auskennt, kann man schon mal Mainzer Straße und Alzeyer Straße verwechseln. Was soll ich sagen, es war natürlich die falsche Haltestelle, an der ich abrupt aus Gedanken gerissen übereilt ausgestiegen bin. Ohne Handynetz stand mir Google Maps freundlicherweise nicht zur Verfügung. *Na toll. Die Qualität der deutschen Infrastruktur ist auch nicht mehr das, was sie nie war.* Ich blickte mich um, konnte aber keinen bekannten Orientierungspunkt entdecken. *Läuft!*

Immerhin war ich in einem Wohngebiet gestrandet. Gepflegte Reihenhäuser mit noch gepflegteren Vorgärten. Und weil ein Quäntchen Glück im Unglück das Salz in der Suppe einer jeden Anekdote ist, schien mir die Rettung nahe: Eine Dame in den späten Siebzigern war gerade dabei, den Pflegezustand ihres Vorgartens weiter zu verbessern. Ich also hin. „Einen wunderschönen guten Tag" strahlte ich sie an. Sie hob den Kopf und lächelte freundlich. „Können Sie mir vielleicht weiterhelfen? Ich bin neu hier, und scheinbar an der falschen Haltestelle ausgestiegen." Sie wischte sich die erdigen Hände an der Schürze ab, und kam ans Gartentor. „Ich wohne in der Vorstadt 7a. Wo muss ich denn da lang?"

Ich war in diesem Moment noch fest davon überzeugt, in wenigen Augenblicken vollkommen orientiert wackeren Schrittes gen Mikrowelle starten zu können. Bis ich die Fragezeichen in den Augen der guten Frau erblickte. „Mi displâs, ce?" *Okay*, dachte ich, *sie ist nicht mehr die jüngste.* Ich wiederholte also meinen kleinen Vortrag, nur eben etwas lauter. „No la capissi" bedauerte sie. „In der Vorstadt" sagte ich, und hob übertrieben fragend die Arme. „No lu so che" schüttelte sie den Kopf.

Wenn einem spontan nichts einfällt, erstmal weiter Lächeln, dachte ich bei mir. „Chest al à di jessi inte gnove aree di disvilup. Tu âs dal dut tort culì!" sagte sie nicht unfreundlich, aber eben leider für mich völlig unverständlich. Üblicherweise würde ich an dieser Stelle Englisch oder Französisch probieren. Ich hörte aber auf die kleine Stimme in meinem Hinterkopf, die diesbezüglich keinerlei Hoffnung auf Erfolg bescheinigte. „Na, ich werde es schon finden. Danke trotzdem!" verabschiedete ich mich mit einer beschwichtigenden Geste.

Im Umdrehen sah ich den älteren Herren, der vom Nachbargrundstück zu uns herübersah. Ob er wohl sicherstellen wollte, dass ich keine brutale Trickdiebin bin? „Cemût?" rief er. „O pensi che e sedi pierdude", antwortete sie. Er blickte zu mir. „Kennen Sie die Straße ‚In der Vorstadt'?" fragte ich ihn laut, in deutlich artikuliertem

Hochdeutsch. „No lu so che." Aha, er bedauerte also auch. Wir blickten in die Runde, jeder mit einem unterschiedlich stark ausgeprägten Lächeln der Ratlosigkeit.

„Es tut mir leid, ich verstehe Sie nicht. Ich bin nicht von hier", erklärte ich das offensichtliche. „Mi displâs ancje jo. No cognossi la strade. Ise chê a Gau-Odernheim?" fragte sie. Immerhin, Gau-Odernheim verstand ich. Mit Mut zur Interpretation nickte ich. „Ja, genau, hier in Gau-Odernheim. In-der-Vor-stadt. In der Nähe ist ein LIDL", fiel mir noch ein. „Ah!" Die Gesichtszüge beider Eingeborenen hellten sich auf. „Lidl al è dongje dal cemeteri, no?", meinte sie zu ihm. „LIDL? No lu so che." Wusste er also nicht. Ich dummerweise auch nicht. Gab es einen Friedhof bei mir in der Nähe? Gott, wie peinlich. Für wie dumm mussten die beiden mich wohl halten?

„Indovine ce? O clami cumò il me fi. Lui al lu sa cence dubi." Sie öffnete das Gartentor, und bedeutete mir, ihr zu folgen. Sie ging zur Haustür, wechselte aus den Garten- in die Haus-Schlappen, und wies mich hinein. Meine Mutter hat mich ganz gut erzogen, also schubberte ich meine sauberen Büro-Schuhe an der Fußmatte steril. Dann trat ich in den Flur, und dachte so bei mir, dass ich die alte Dame schon bezwingen könnte, sollte sie auf die Idee kommen, mich einzuschließen und als Geisel da zu behalten. Allein dieser Gedanke ist schon Beweis dafür, dass ich aus der rauen Fremde stamme. Rheinhessen sind innerhalb Deutschlands so etwas wie die Kanadier in Nordamerika. Man kann im Prinzip die Türen offenstehen lassen, es wird schon nichts passieren. Es sei denn, man hat nicht aufgeräumt und der Spendensammler vom Heimatpflegeverein streckt den Kopf hinein. Dann ist der gute Ruf passe.

Aber ich schweife ab. Meine Integrationshelferin griff jedenfalls nach dem Telefon, und mir dämmerte ihr Plan, während sie wählte. „Si, ciao Micheal. Eco une femine che e no cognos cemût lâ ator e e vûl savê cemût lâ par strade ‚In der Vorstadt'. Savês dulà che al è?" Er wusste! Ich konnte zwar die Antwort nicht hören, aber der Gesichtsausdruck der Dame ließ vermuten, dass Michael sich auskannte. Sie nickte und wechselte noch ein paar Sätze mit ihm, lachte dann, und übergab mir den Hörer.

Heureka, er sprach Hochdeutsch! Schon wenige Minuten später machte ich mich auf den beschriebenen Heimweg, natürlich nach umfangreichen Danksagungen an Mutter und Sohn. Ich hörte hinter mir noch, wie sie den Nachbar auf Stand brachte, und konnte mir ein Grinsen nicht verkneifen. „Unsern Michael hot ihr geholfe. Er wah doch schun immer e ganz schlaues Kerlche…" Das hatte ja wirklich super geklappt mit der Einführung am neuen Wohnort!

Mit ein paar Jahren Abstand kann ich über diese Begebenheit durchaus lachen, und erzähle sie gerne bei passender Gelegenheit. Am besten lacht es sich ja bekanntermaßen über sich selbst. Aber ganz ehrlich? Ich bin ernsthaft dankbar, eine Zugezogene zu sein. Wer weiß, ob ich den Telefon-Joker als Ausländerin bekommen hätte.

Es is Herbscht

1   *Es is Herbscht*

2   *Die Traube sin reif*

3   *Die Bütte müssen vum Schuppe obe runner*

4   *Mittags isses noch warm*

2   *Die Traube sin reif*

5   *De Müller Thurgau hot schun faule Stelle*

4   *Mittags isses noch warm*

6   *Die Oma holt de Essenskorb vum Speicher*

5   *De Müller Thurgau hot schun faule Stelle*

7   *Kelter un Traubemühl wern abgespritzt*

6   *Die Oma holt de Essenskorb vum Speicher*

8   *Was a Glick hun die Kinner Herbschtferie*

7   *Kelter un Traubemühl wern abgespritzt*

9   *Wo sin dann die Schercher?*

8   *Was a Glick hun die Kinner Herbschtferie*

10 *Es Kernche brauch en neie Reife*

9   *Wo sin dann die Schercher?*

1   Es is Herbscht

10 Es Kernche brauch en neie Reife

12 Hoffentlich hälts Wetter

11 Die Silvaner können noch hänge

1   Es is Herbscht

12 Hoffentlich hälts Wetter

4   Die Bütte müssen vum Schuppe obe runner.

Andrea Dörrschuck

Das malaiische Pantum ist eine uralte Gedichtform.

Ein Pantum kann aus beliebig vielen Strophen bestehen. Jede Strophe hat vier Zeilen. Das Interessante und gleichzeitig Herausfordernde an dieser Art, Gedichte zu schreiben, ist ein genau festgelegtes Muster, nach dem die Zeilen wiederholt werden. Jeweils die zweite und vierte Zeile einer Strophe werden als erste und dritte Zeile der nächsten Strophe wiederholt. Zusätzlich wird die dritte Zeile der ersten zur zweiten Zeile der letzten Strophe und der erste Vers des Gedichtes zum letzten, teilweise bleiben aber erste und dritte Zeile der ersten Strophe auch unvertauscht.

22

Tante Ottilie

Sie war Ende des 19. Jahrhunderts geboren und wuchs als einzige Tochter auf einem kleine Hofgut in Oberhessen auf. Mein Onkel Anton war Winzer und Weinhändler und befand sich auf Freiers Füßen. Ein älterer Geschäftsfreund stellte die Verbindung her und als Onkel Anton sich dort vorstellte, traf er auf eine „fertige Madame", wie er immer lachend erzählte. Er hielt schon bald um ihre Hand an und so kam sie mit Pferden, Wagen, Aussteuer und reichlich Mitgift in den Wonnegau.

Sie war eine stattliche Erscheinung, etwa 1,75 m groß und 100 kg schwer. Ihre schwarzen Haare hatte sie zu zwei dicken Schnecken über den Ohren gedreht. Sie war sehr stolz und vornehm. Schließlich hatte sie ja das Pensionat für höhere Töchter in Darmstadt besucht und dort alles gelernt, was eine tüchtige Gutsherrin wissen musste. Sie beschäftigte stets zwei junge Mädchen, die sie in Haus und Garten ausbildete, bis diese heirateten.

Während des Zweiten Weltkriegs nahm sie zwei Schwestern auf, sie waren 15 und 17 Jahre alt und in Mannheim ausgebombt worden. Die beide blieben unverheiratet und lebten bis zu ihrem Tod bei ihr im Haus.

Tante Ottilie mit ihren beiden Söhnen 1929

Als ich Tante Ottilie kennenlernte, war sie schon fast 60 Jahre alt. Ihr ältester Sohn war mit 21 Jahren in Russland gefallen, der Jüngere führte nun den Weinbaubetrieb. Er hatte keine Kinder und war mein Patenonkel, deshalb war ich in allen Schulferien dort zu Gast. Für mich und meine Schwestern war Tante Ottilie der Inbegriff der Vornehmheit und des guten Benehmens. Sie duftete stets nach 4711 und ihre weißen Haare hatten einen leichten lila Schimmer. Meist trug sie Etuikleider in dunklen Farben und Schuhe mit hohen Blockabsätzen.

Wir beide verstanden uns sofort. Sie brachte mir Opern- und Operettenmusik näher, ebenso die deutschen Dichter, später auch Liebesromane von Hedwig-Courths-Mahler. Sie war für mich der Inbegriff einer richtigen Dame und ich wollte unbedingt genauso eine werden. Es machte uns Spaß, wenn sie versuchte mich hochdeutsch zu lehren und mir alle Knigge-Regeln beizubringen: Wie man am Tisch sitzt, sich gerade hält, wo die Hände und die Ellenbogen ihren Platz haben. Wie man jemanden begrüßt, etwas anbietet, den Tisch vorschriftsmäßig deckt, beim Essen das Besteck oder das Glas hält, wie man Suppe isst oder das Frühstücksei öffnet, die Serviette faltet und dass man den Kaffeelöffel nach dem Umrühren nicht ablecken darf.

Oft haben wir aber herzlich gelacht, wenn ich mal wieder etwas falsch verstanden hatte, wie zum Beispiel beim Besuch des Pfarrers, den die Tante nicht leiden konnte. „Den sehe ich zwar am liebsten von hinten", sagte sie, als sein Besuch angekündigt wurde, „aber wir müssen doch freundlich und höflich sein, mein Kind." Ich hatte also schön stillgesessen, nicht dazwischen gesprochen und wollte nun bei der Verabschiedung ganz freundlich sein. Ich gab dem Pfarrer artig die Hand und sagte: „Auf Widdersehn, Herr Parre, mir sehn Sie so gern bald vun hinne widder." Die Tante holte kurz Luft, blieb aber ganz entspannt und verabschiedete den verdutzten Hochwürden dann überschwänglich mit allen guten Wünschen und einer Flasche Wein. Als die Tür hinter ihm ins Schloss gefallen war, nahm sie mich in den Arm und lachte Tränen.

Am Ende der Ferien reiste sie mit mir in die Stadt und ich durfte mir im Modehaus „Steffan" etwas aussuchen. Sie war dort als gute Kundin bekannt. Wenn wir kamen, wurde ihr sofort ein Stuhl geholt und die Verkäuferinnen zeigten ihr alle Modeneuheiten. Sie wählte sorgfältig aus, die Sachen wurden am nächsten Tag mit dem Auto gebracht. Nach dem Modehausbesuch ging es ins Café „Lott" zu Kaffee und Torte.

Sie liebte Cafés und bei gutem Wetter fuhr sie mit Onkel Anton sonntags meist zu irgendeinem Ausflugsziel. Einmal wurde die „Tromm" ausgewählt, ein markanter Bergrücken im Odenwald, ich durfte mit. Zum Mittagessen hatte es Endiviensalat gegeben. Auf der kurvenreichen Fahrt im Auto, einem großen Opel Kapitän, wurde mir schlecht und noch ehe der Onkel anhalten konnte, musste ich mich übergeben. Die Tante sah das Unglück kommen und wollte noch den teuren Hut des Onkels retten, aber zu spät: Hut, Autositze und Himmel waren mit Endivienfäden garniert. Der Onkel hielt an einem Bach an, dort wurde alles notdürftig abgewaschen, während er erst einmal eine dicke Zigarre rauchte, dann fuhren wir wieder heim, die „Tromm" hatten wir gar nicht erreicht. Das Modehaus musste einen neuen Hut liefern, aber „Die Flecken am Autohimmel behalten wir als Erinnerung an den Ausflug auf die Tromm," lachte der Onkel, auch wenn Tante Ottilie darauf echauffiert die Augenbrauen hochzog.

Mitte der 60er Jahren starb mein Onkel Anton und Tante Ottilie blieb allein. Sie übernahm noch immer viele kleine Aufgaben im Betrieb und leitete die Hausmädchen an, bis ihre Gallenkoliken sie immer öfter ans Bett fesselten. Sie starb Ende der 70er Jahre still und leise während ihres Mittagsschlafes. Mit ihr gingen auch die beiden Haus-mädchen in den Ruhestand und ein Stück der vornehmen alten Zeit verschwand mit ihr für immer.

Marlies Uhrig

Der Laden
Kindheitserinnerungen an unser Lebensmittelgeschäft

„Die Kinder von Geschäftsleuten sind arme Kinder. Für sie hat niemand Zeit!" Diesen oft wiederholten Satz meiner Mutter habe ich als Kind nicht verstanden. Warum sollte ich arm sein? Wie alle anderen Frauen in der Nachbarschaft war meine Mutter ja immer zu Hause – nur halt im Laden.

„Der Laden" war das Lebensmittelgeschäft meiner Eltern in Stromberg im Hunsrück. In den 1950-er Jahren verdienten dort die meisten Männer ihr Geld als Arbeiter im örtlichen Steinbruch, nur wenige waren Handwerker oder Büroangestellte. In unserem gesamten Umfeld hatte niemand ein Auto und für Gemüsegärten war in dem engen Tal kaum Platz. Dies bedeutete, dass nahezu alles, was in einem großen Teil der Stromberger Haushalte gebraucht wurde, von meinen Eltern herbeigeschafft werden musste.

Ich war stolz auf meine Eltern! Sie hatten nicht nur einen grauen VW-Käfer mit Bretzelscheibe im Heck, sondern auch einen hellblauen Opel Blitz! Mit diesem LKW fuhren sie zweimal pro Woche mitten in der Nacht nach Mainz in die Großmarkthalle, und wenn ich sie lange genug genervt hatte, durfte ich mit.

Ich liebte die Atmosphäre der Großmarkthalle, in der es schon in aller Herrgottsfrühe von Kunden nur so wimmelte. Wie bei uns zu Hause roch es nach Kohl, Zwiebeln, Lauch, Kartoffeln, Äpfeln, Birnen - eben nach allem, was gerade geerntet wurde. Aber hier war nicht das beschauliche Stromberg, hier war es laut und hektisch! An den Verkaufsständen prüften sachkundige Käufer mit geschickten Handgriffen die Ware, feilschten kurz um den Preis, wurden handelseinig oder eilten zum nächsten Händler. Meine Mutter war oft die einzige Frau in der ganzen Halle und in meinen Augen schon deshalb etwas ganz Besonderes!

Der schönste Teil der langen Fahrt kam jedoch kurz bevor wir uns wieder auf den Heimweg nach Stromberg machten. Es waren die wenigen Minuten, in denen meine Eltern und ich dicht nebeneinander im LKW saßen und zum Frühstück frische warme Fleischwurst mit Senf und „Wasserweck" aßen.

Jahr für Jahr fürchtete mein Vater die Wochen, in denen die Kartoffeln geerntet wurden. Kartoffeln waren ein billiges Grundnahrungsmittel und wurden von den meisten Familien zentnerweise gekauft und eingelagert. Tagelang kochte meine Mutter verschiedene Kartoffelsorten zum Mittagessen, um deren Qualität zu prüfen. Keinesfalls wollten meine Eltern einen ganzen Winter lang Beschwerden hören wie „so schlecht wie in diesem Jahr waren die Kartoffeln noch nie! Die sind ja fast alle braunfaul... oder wässrig!"

Von den Kartoffeln, die uns am besten geschmeckt hatten, kaufte mein Vater dann mehrere LKW-Ladungen voll und transportierte sie 40 km über wenig befahrene Landstraßen von Mainz nach Stromberg. Dort angekommen, schleppte er die zentnerschweren Säcke auf seinem Rücken bis in die Keller der Kunden. Ich erinnere mich an Preise von 8 – 10 Mark pro Zentner - inklusive Lieferung. Längst hat meine Mutter mit ihrer Befürchtung recht bekommen, dass Nudeln einmal billiger werden könnten als Kartoffeln!

Auch während der Obst- und Gemüseernte musste mein Vater wochenlang alles herbeikarren, was in den Haushalten eingeweckt oder zu Marmelade verkocht wurde!

Wie Familien ohne ein eigenes Lebensmittelgeschäft zurecht kommen konnten, war mir ein Rätsel. Wir brauchten keinen Vorratsraum und dachten auch nicht darüber nach, was wir heute oder morgen kochen sollten. Bei uns wurde gegessen was weg musste, ansonsten holten wir alles, was wir zum Essen oder Kochen brauchten, ganz selbstverständlich aus dem Raum neben unserer Küche - dem Laden! Davon gab es nur eine Ausnahme – und die hatten meine Eltern sich für mich ausgedacht. Während sie alles aßen, worauf sie gerade Lust hatten, musste ich bei jedem „Gutsje", jedem winzigen Stückchen Schokolade und überhaupt allem, was Kinder besonders gerne mögen, erst fragen, ob ich es mir nehmen dürfe. Gerecht fand ich das nicht! Schließlich stand das ganze „Geschnuggels" - das meiste davon unverpackt - ständig griffbereit vor meiner Nase!

Bei keinem Kind aus der Nachbarschaft roch es zu Hause so interessant wie bei uns. Im kleinen Lager waren Persil, Imi, Ata, Wäschebleiche und alles andere untergebracht, was nach sauber - und was Bohnerwachs betraf - sogar nach Wochenende duftete. Weil Lebensmittel wie Mehl, Nudeln und Zucker keinesfalls nach Waschmitteln riechen oder schmecken durften, wurden sie in einem separaten Raum und zum Schutz vor Feuchtigkeit und Mäusen auf hohen Regalen gelagert. Ziemlich unangenehm empfand ich die Geruchsmischung aus modrig feuchtem Lehmboden, Kartoffeln, Äpfeln und Sauerkraut, die so typisch für unseren Keller war.

Die meisten Lebensmittel wurden damals in größeren Gebinden angeliefert und mussten für den Verkauf in geeignete Gefäße umgefüllt werden. Egal wann ich in den Laden oder in unseren Hof kam, fast immer war eine unserer beiden Verkäuferinnen damit beschäftigt, etwas auseinander zu schrauben, zu spülen oder auszuwischen: Die Milchpumpe, die 20 l-Kannen, in denen die Großmolkerei Frischmilch lieferte, die Wannen für Schichtkäse oder für auf zerhacktem Eis gelagerten frischen Fisch, die Holzfässchen für Heringe, die Steingefäße für Sauerkraut und saure Bohnen, und so weiter…!

Überhaupt fiel mir auf, dass alle permanent beschäftigt waren und ihre Aufgaben hatten – nur ich nicht. Und da die Putzerei offensichtlich sehr wichtig war, wollte ich das mit etwa fünf Jahren auch gerne machen.

Obwohl ich mir wirklich Mühe gab, wurde meine Mitarbeit nicht gebührend gewürdigt! So war es mir beispielsweise mit äußerster Hingabe und großem Geschick gelungen, alle mit Schokolade und buntem Zuckerkram beschmierten Porzellanplatten aus der Glasvitrine absolut streifenfrei und blitzsauber abzulecken – trotzdem wurden sie alle noch einmal gespült!

Als Kind musste ich nicht viel helfen, aber wenn, dann waren es so langweilige Aufgaben, wie in der großen Garage aus einem Zentner Kartoffeln 20 Säckchen mit jeweils 5 Pfund abwiegen. Dafür hockte ich dann auf meinen Fersen vor der kleinen Pendelwaage, schaufelte Kartoffeln in die Waagschale und tauschte so lange unterschiedlich dicke Kartoffeln aus, bis es möglichst genau 5 Pfund waren. Noch schlimmer war es, wenn ich kistenweise alten Salat oder Gemüse putzen sollte, wie zum Beispiel die gelben Blättchen von Rosenkohl abpellen. Dabei hätte ich viel lieber im Laden geholfen - schließlich war es ja auch ein bisschen mein Laden!

Am meisten Spaß machte es mir, Milch in die von den Kundinnen mitgebrachten Kännchen zu pumpen. Weil das aber zu selten verlangt wurde und ich sonst wenig in dem engen Bereich hinter der Theke machen konnte, versuchte meine Mutter mich anders zu beschäftigen. Mit viel Geduld brachte sie mir bei, Obst und Gemüse geschickt auf die große Kilowaage zu legen und dann den Verkaufspreis abzulesen. Dafür musste ich allerdings auf dem Fußschemel meiner Oma stehen, den ich trotz der hochgezogenen Augenbrauen unserer Verkäuferinnen herbeigeschleppt hatte. Und als ich dann im zweiten Schuljahr endlich auch noch allein die ausgewiesenen Pfundpreise in Kilopreise umrechnen konnte, stand meiner Karriere als Obst- und Gemüseverkäuferin eigentlich nichts mehr im Wege. Aber egal wie geschäftig ich herumhantierte, immer fand sich schon nach kürzester Zeit eine Kundin, die meine Mutter honigsüß lächelnd fragte: „Kann das Kind das denn schon?!" Daraufhin passierte stets dasselbe: Sobald die Kundin den Laden verlassen hatte, wurde ich mit den Worten „wenn du wirklich helfen willst, dann geh´ in die Garage Kartoffeln wiegen" in den Hof verbannt. Auch die Kinder aus der Nachbarschaft waren immer sofort verschwunden, wenn sie mir auch nur fünf Minuten bei dieser scheußlichen Arbeit helfen sollten! Und so reifte mit der Zeit in mir die Erkenntnis, dass es besser für mich war, wenn ich mich nicht so oft im Laden blicken ließ!

In Stromberg kannte jeder jeden, aber besonders gut kannten meine Eltern ihre langjährigen Kunden. Sie wussten, wer was gerne aß, wer sich hochwertige Lebensmittel leisten konnte und wer auch mengenmäßig sparsam einkaufte. „Maria, die Heringe sind heute günstig", erklärte meine Mutter einer als knauserig bekannten Kundin. Aber die winkte entschieden ab: „Nein, nein! Hering kann ich keine kaufen, unser Karl würde einen allein essen!"

Viele, die knapp bei Kasse waren, weil der Ehemann einen großen Teil seines bar ausgezahlten Wochenlohnes schon auf dem Nachhauseweg in einer Wirtschaft ausgegeben hatte, ließen bei meinen Eltern anschreiben. Und die machten das bei bedürftigen Familien auch dann, wenn die Aussichten auf Rückzahlung nur gering waren.

Außer während der kurzen Mittagspause war unser Laden an jedem Werktag von 8 bis 19 Uhr geöffnet. Aber auch sonntags klingelte es manchmal an der Haustür, weil irgendjemand noch ganz dringend etwas so Wichtiges wie Salz oder Maggi kaufen musste.

Auch unser Telefon benutzten unsere Kunden gerne mit. Da beide Gesprächspartner in der Regel kein eigenes Telefon hatten, musste jedes Gespräch aufwendig vorbereitet werden: Auf dem Postweg wurden die beiden Telefonnummern ausgetauscht, Tag und Uhrzeit des Telefonats vereinbart und schließlich noch festgelegt, von welchem der beiden Apparate aus das Gespräch beim „Fräulein vom Amt" angemeldet werden sollte. Bis die Verbindung hergestellt war, vergingen oft mehrere Minuten. In dieser Zeit saßen für mich wildfremde Menschen dann ganz selbstverständlich am Schreibtisch in unserem Wohnzimmer, während meine Eltern und ich diskret in der Küche warteten.

Meine Mutter konnte im Laden alles! Besonders gerne schaute ich ihr dabei zu, wenn sie in Windeseile und mit schönsten Buchstaben die aktuellen Sonderangebote auf unser Schaufenster schrieb. Dafür benutzte sie mit Wasser angerührte gemahlene Kreide und unterschiedlich dicke Pinsel. Im Eifer des Gefechts kreierte sie eines Tages ein ganz besonderes Sonderangebot: 1 Hering 30 Pfennige, 3 Heringe 1 Mark!

Das Heringsfässchen war schon fast leer, als ein Kunde spitzbübisch lächelnd drei einzelne Heringe verlangte. „Kann ich Ihnen die drei auch zusammen einpacken?" fragte meine Mutter erstaunt. „Das kommt darauf an, ob ich dann Ihren Einzelpreis oder den 3-Stück-Preis bezahlen muss!" Natürlich musste er nur 90 Pfennige bezahlen und meine Mutter nahm die Geschichte zum Anlass, einen gelungenen Fastnachtsvortrag über ihre unkonventionellen Geschäftspraktiken zu halten.

Trotz der vielen Arbeit machte der Laden vor allem meiner Mutter viel Freude. Es war schlimm für sie, dass viele ihrer alten Kunden schon gegen Ende der 1950-er Jahre ihre Großeinkäufe in den modernen Supermärkten erledigten, die sie mit ihren neuen Autos jetzt problemlos erreichen konnten und die wie Pilze aus dem Boden schossen.

Obwohl meine Eltern ihren Laden daraufhin zu einem Selbstbedienungsgeschäft umbauten und die Verkaufsfläche fast verdoppelten, gingen die Umsätze und damit auch die Gewinne kontinuierlich zurück. Dennoch arbeiteten meine Eltern bis zu ihrer Berentung im Jahr 1980 in ihrem Laden.

Rita Eckert

So war des sellemols

Vieles, was während der Kindheit noch alltäglich war, ist inzwischen verschwunden und existiert nur noch in unserer Erinnerung.

Weltspartag

Bei uns zu Hause hieß es immer: Geld muss arbeiten – wie das geht, lernten wir Kinder schon recht früh. Unser Taschengeld oder Geld, das wir geschenkt bekamen, sparten wir fleißig in einer Spardose, die wir, wenn sie voll war, dann stolz wie Oskar zur Bank brachten und das Ersparte auf unser Sparbuch einzahlten. Der 31. Oktober spielte dabei eine sehr wichtige Rolle. Nicht wegen Halloween, das kannten wir in meiner Kindheit noch nicht. Nein, der 31.10. war Reformationstag, da mussten wir morgens in die Kirche und am Nachmittag mit unserer Spardose auf die Bank, denn es war Weltspartag. Brachte man am Weltspartag sein Erspartes auf die Bank, bekam man ein Geschenk und so war an diesem Tag auf der Bank einiges los, denn es war ja Weltspartag. Wir warteten in einer Menschenschlange, die meist bis hinaus auf die Straße reichte. Langsam ging es Schritt für Schritt voran, unsere Spardose, die ganz schön schwer war, hielten wir fest in der Hand. Endlich war ich an der Reihe und reichte meine Spardose stolz dem Bankmitarbeiter über den Tresen. Der Mitarbeiter öffnete die Dose mit einem kleinen Schlüsselchen, alles Münzgeld fiel klirrend auf den Tresen, ein Geldschein, der ziemlich zusammengeknäuelt war, hatte sich ein bisschen verheddert. Nun begann er vor meinen Augen mein Geld zu zählen. Ich war gespannt und beobachtete den Mitarbeiter ganz genau. Die Geldscheine strich er glatt und legte sie beiseite. Das Münzgeld sortierte er. Von den 5,00 DM-Stücken, den 2,00 DM-Stücken, den 1,00 DM-Stücken sowie den 50 Pfennig-Stücken machte er kleine Türmchen zu jeweils 10,00 DM. Alle Geldtürme stellte er in einer Reihe auf. Die Groschen stapelte er zu Türmen vom 1,00 DM, bei den 5ern stellte er immer 2 Türmchen von jeweils 10 Geldstücken eng zusammen, so dass es eben auch 1,00 DM ergab. Die 1- und 2-Pfennig-Stücke suchte er zu Häufchen von jeweils 10 Pfennigen zusammen. Und nun wurde es so richtig spannend. Er zählte mein Geld und begann bei den Scheinen, den Betrag notierte er sich auf einem Zettel. Nun folgten die 10,00 DM-Türme und schließlich die Türme zu jeweils 1,00 DM sowie das Kleinstgeld. Auch hier schrieb er sich Zwischensummen auf besagten Zettel und zählte schließ-lich alle Beträge zusammen. Den Mitarbeiter brachte nichts aus der Ruhe. Leider war er zu weit weg, als dass ich entziffern konnte, was auf seinem Zettel stand. Wie viel würde es wohl sein? Wer von uns drei Kindern hatte am meisten gespart? Die Spannung stieg. Nun zählte er nochmals zur Kontrolle nach, alles musste ja seine Ordnung haben. Dann schaut er mich an: „101,37 DM, da hast du richtig fleißig gespart, sehr gut!" Er trug die 101,37 DM von Hand in mein

Sparbuch ein und händigte es mir wieder aus. Natürlich bekam ich auch meine nun leere Spardose wieder zurück. Jetzt kam endlich der Moment, auf den jedes Kind am heutigen Tag sehnlichst wartete: Das Geschenk. Was für ein Geschenk würde ich bekommen - einen Luftballon, eine neue Spardose, Buntstifte, ein kleines Heftchen mit einer Geschichte darin? Der Mitarbeiter griff in ein Fach unterhalb des Tresens und hielt ein Heftchen in seiner Hand. Er reichte es mir zusammen mit einem Luftballon und der Bemerkung: „Siehst du, sparen lohnt sich!" Glücklich verließ ich die Bank, vorbei an der Schlange all derer, die noch warten mussten.

Ja, so war das, als wir Kinder waren – es gab in jedem Ort mindestens eine Bank oder Sparkasse, man bekam am Weltspartag Geschenke und zu Jahresbeginn wurden einem Zinsen gutgeschrieben.

Sabine Tinnacher

Rheinhessische Kinderspiele

Ich bin Ende der 50er Jahre geboren und erinnere mich gerne an verschiedene Kinderspiele im Freien aus dieser Zeit.

Ich denke an die vielen Nachbarskinder auf der Straße, die sich trafen, ohne sich verabredet zu haben. Man kam dazu oder blieb weg, man wurde zum Essen oder Sonstigem gerufen oder konnte bleiben.

Eins zwei drei vier Eckstein, alles muss versteckt sein...
Und die Eltern waren nicht dabei...
Und es ging nicht immer gerecht zu...

Beim „Versteckspielen" musste der Suchende bei uns in der Straße sich an einen Gartenpfosten lehnen und bis zu einer bestimmten Zahl zählen. Die geschlossenen Hände vor den Augen. Ich persönlich probierte immer wieder zu schummeln und einen vorausschauenden Blick durch die gespreizten Finger zu haben. Irgendwann kam mir die Erkenntnis, dass es besser war, mich auf meine Ohren zu verlassen, um die Laufrichtung der sich versteckenden Spielkameraden zu orten. Das Ziel war es, sie zu finden und in einer Blitzgeschwindigkeit am Zählpfosten mit 1, 2, 3 für z. B. Helena anzuklopfen. War das gefundene Kind schneller am Pfosten, konnte es sich frei schlagen. Um die Versteckten zu finden, musste man sich also von seinem Pfosten wegbewegen, manchmal sehr weit.

Die Spielposition des Suchenden war nicht unbedingt beliebt, konnte sie doch sehr mühsam und zu einem kräftezehrendes Wettlaufspiel werden.

„Der Kaiser schickt seine Soldaten aus" wurde auf einer großen freien Fläche gespielt. Bevorzugt im Schulhof und je mehr Kinder mitspielten, desto besser. Zwei Reihen wurden gebildet, die einige Meter voneinander entfernt waren. Die Kinder hielten sich fest an den Händen. Nach dem Schlachtruf versuchte die gegnerische Reihe die Kette zu durchbrechen. Das tat oft weh, an den Händen sowie am Körper. Gelang der Durchbruch nicht, wurde man als Gefangener genommen und gehörte zur gegnerischen Mannschaft. Konnte man die Hände von zwei Kindern lösen, wurden diese beiden mit zur eigenen Mannschaft genommen. Das Spiel erforderte viel Ehrgeiz und Durchsetzungsvermögen, war aber eher nichts für zarte Gemüter.

Deutschland erklärt den Krieg...
Und die Eltern boten keinen Einhalt ....
Und es zählte nur der Spaß am Spiel, die Wortwahl war nicht wichtig...

„Deutschland erklärt den Krieg" ein Spiel bei dem schnelle Reaktion inklusive Spurtvermögen gefordert war. Mehrere Kinder malten einen großen Kreis mit einem Stein auf die Straße. Jedes Kind dachte sich ein Land aus. Die Länder wurden in den nun unterteilten Kreis geschrieben. Danach stellten alle einen Fuß auf den Außenkreis. Der oder die Beginnende rief aus, gegen welches Land sie den Krieg erklärte. Alle rannten weg, nur der Besitzer des genannten Landes stoppte die Laufenden mit einem Sprung in die Mitte. Mit drei Schritten musste der oder die Betreffende versuchen einen der weggelaufenen Mitspieler zu berühren. Er konnte sich dazu auch auf den Boden legen, was ihm mehr Reichweite, allerdings auch den Unmut der Mutter wegen der verschmutzten Kleidung zuzog. Wurde ein weggelaufener Spieler erreicht, fungierte der oder die als Ausrufer.

Das Spiel war sehr schnell und viele Kinder schauten lieber zu, als sich auf den hektischen Wettlauf einzulassen.

Murmelspiele, gewinnen und verlieren...
Und die Eltern übten es nicht mit uns...
Und ich bestimme selbst, ob ich mitspielen will...

„Murmelspielen"...Zu diesem Spiel wurden Murmeln aus Glas gebraucht, die meist schöne Muster hatten. Manche Kinder hatten sie in den Hosentaschen, andere in kleinen Stoffsäckchen. Klicker aus Ton waren eher verpönt. In einen weichen Boden wurde eine Kuhle gegraben und danach die Murmeln so nahe wie möglich dorthin geworfen. Das Kind, dessen Murmel am nächsten lag, durfte beginnen und versuchen die Kugeln nacheinander mit den Fingern in das Erdloch zu schnippen. Ging die Murmel daneben, kam der oder die nächste dran. Der Glückliche, der mit der letzten Murmel in die Kuhle traf, hatte alle darin liegenden gewonnen. Bei diesem Spiel konnten alle Kinder die Erfahrung machen, dass auch Zuschauen Spaß machen kann und den „Geld bzw. Murmelbeutel" schont.

Und so spielten wir Tag um Tag und Jahr für Jahr

Eins zwei drei vier Eckstein, alles muss versteckt sein...
Und die Eltern waren nicht dabei...
Und es ging nicht immer gerecht zu...

Der Kaiser schickt seine Soldaten aus...
Und die Eltern griffen da nicht ein...
Und wer mitspielte, musste etwas aushalten...

Deutschland erklärt den Krieg...
und die Eltern boten keinen Einhalt
Und es zählte nur der Spaß am Spiel, die Wortwahl war nicht
wichtig...

Murmelspiele, gewinnen und verlieren...
Und die Eltern übten es nicht mit uns...
und ich bestimme selbst, ob ich mitspielen will

Eins zwei drei vier Eckstein, alles muss versteckt sein...
Und es ging nicht immer gerecht zu...
Und ich bestimme selbst, ob ich mitspielen will.

Andrea Dörrschuck

Ein Geburtstagsgeschenk erzählt aus seinem Leben

Meine erste Erinnerung habe ich an einen kleinen Schreibwarenladen. Ich stand dort zwischen Tagebüchern, die in einen braunen oder roten Kunststoff eingebunden waren. Der Geruch von frischem Tabak war allgegenwärtig und haftet auch heute noch an meiner Hülle und meinen Blättern.

Ich weiß nicht, wie lange ich in dem Regal stand, bis ich im November 1968 als Geburtstagsgeschenk ausgewählt wurde. Der Mutter des Mädchens, das in wenigen Tagen seinen 10. Geburtstag feiern sollte, gefiel mein geometrisches Rautenmuster auf der abwaschbaren Außenhülle.

Am Geburtstag war ich außer ein paar Süßigkeiten das einzige Geschenk. Das Mädchen war überglücklich, denn viele der Mitschülerinnen besaßen schon ein ähnliches Exemplar und mit mir als Geschenk wurde ihr größter Wunsch erfüllt. Den ganzen Tag über strich meine neue Besitzerin über meinen rauen Einband und blätterte in den leeren Seiten. Bald sollten sie gefüllt werden mit Sprüchen, Gedichten und Weisheiten.

Ich wurde ausgewählten Freundinnen und Lehrern übergeben. Die Kinder schrieben mit noch nicht ausgereifter Handschrift ein paar Zeilen, die sie meist aus ihrem eigenen Album kannten und beklebten meine Blätter mit Bildchen. Viele der Eintragungen waren mit dem Wunsch verknüpft, dass die Schulfreundin bitte nicht vergessen werden sollte:

So wie die Rose blüht,
so blühe stets dein Glück
und wenn du einmal Rosen siehst,
so denk an mich zurück.

Auch gerne geschrieben wurden ein paar Zeilen, mit dem Hinweis die Eltern zu ehren und gehorsam zu sein:

Mach dem Vater keine Sorgen,
mach der Mutter keinen Schmerz,
denn du weißt, ob nicht schon morgen
dir entfällt ein Elternherz.

Mit Gedichten und Lebensweisheiten verewigten sich die Lehrer in korrekter, meist akkurater Schrift. Waren die Pädagogen dem Mädchen oder später der Jugendlichen sehr zugetan, suchten sie etwas Passendes aus und gaben mich mit einem Schmunzeln oder einem wohlgemeinten Kommentar zurück.

Der erste Klassenlehrer schrieb:

Halte Ordnung , liebe sie
Ordnung spart dir Zeit und Müh.

Die spätere Sportlehrerin versuchte mit dem Gedicht den Übereifer der Besitzerin während der Wettkampfspiele etwas einzudämpfen:

Wer lächelt, statt zu toben,
ist immer der Stärkere.

So vergingen vier Jahre und ich durfte, wenn ich nicht im Bücherregal des Mädchenzimmers stand, in vielen Ranzen und Familien sein. Manche der Zeilen kann meine Besitzerin immer noch auswendig und viele hat sie sich zu Herzen genommen.

Wer schneller sich will als andere sputen,
verfehlt nicht selten ganz das Ziel
wisst: eine Uhr, die in fünfzig Minuten die Stunde zurücklegt,
taugt nicht viel.

Meine Besitzerin ist dreimal in ihrem Leben umgezogen. Sie gehört zu den Menschen, die gut loslassen können und nur wenig in Umzugskisten packen. Ich bin das einzige Stück, das sie aus ihrer Kindheit bewahrt hat und darf heute in ihrem Bücherregal stehen. Ab und zu nimmt sie mich in die Hand, streicht über meinen rauen Einband und schmunzelt beim Blättern und Lesen der vergilbten Seiten. Und so denke ich, habe ich meinen eigentlichen Zweck erfüllt.

Andrea Dörrschuck

Zum Andenken!

Rede wenig aber wahr,

vieles Reden bringt Gefahr.

Dies
schrieb dir deine
Schulfreundin
Angelika
Hoppe

Gau-Odernheim den 9. 1. 69

Zum Andenken !!!

Drei Engel mögen Dich
begleiten
in Deiner ganzen Lebenszeit,
und die drei Engel, die ich
meine sind
Liebe, Glück,
        Zufriedenheit

Sonja Krämer

Odernheim, 27. 1. 72

47

Am Samstag werd die Gass gekehrt!

Am Samstag werd die Gass gekehrt! Das war ein ungeschriebenes Gesetz. So war es bei uns in den kleineren Ortschaften von Rheinhessen. Jeden Samstag! Heute sieht man schon am Freitag, wie die Kehrmaschine durch den Ort fährt und die leidige Arbeit übernimmt, natürlich nicht umsonst. Wer bestellt, bezahlt.

In meiner Kindheit hat man samstags zuerst mit Besen und Kutterschaufel gekehrt und danach, wenn eigentlich schon alles picobello war, mit viel Wasser hinterher geschwenkt. So war das auch in der Bahnhofstraße. Samstags ab 14.00 Uhr ging es los. Die Geschäfte hatten bereits geschlossen und man bereitete sich langsam auf das bevorstehende Wochenende vor. Nach dem Gasskehre war Feierowend für die Woch.

Beim Kehren entstand ein fröhliches Geplauder. In den nachbarschaftlichen Gesprächen erfuhr man, was es Neues gab im Dorf. Diese Kontakte vertieften die Zusammengehörigkeit der Nachbarschaft, sorgten für Unterhaltung, und so gab es damals weniger Einsamkeit als heute.

Das Kehren erfolgte nach einem festen Ritual: Um 14.00 Uhr begannen die Bewohner des ersten Hauses auf der rechten Straßenseite mit der Hausnummer 1, kehrten genau bis zum Hausnummer 3, dann übernahm der Nachbar von Hausnummer Nr. 3 bis Hausnummer 5 usw. Der letzte Anwohner kehrte den gesamten Dreck auf die Kutterschaufel und dann in den Eimer. Man war sich einig, jeder schätzte die Arbeit des Vorgängers. Solch eine gemeinsame Aktivität verband die Nachbarschaft untereinander und stärkte das Zusammengehörigkeitsgefühl.

Auf der gegenüberliegenden Seite kehrten die Bewohner der Häuser mit den geraden Zahlen. Auch da herrschte ein gegenseitiges gutes Miteinander, das allerdings an der Kreuzung Bahnhofstraße/ Schanzenstraße an dem Eckhaus einer sehr energischen Anwohnerin endete. Sie war leider nicht sehr kooperativ, leicht erregbar und ziemlich streitsüchtig.

Die Anwohner von der anderen Straßenseite, die das Amt des Straßenkehrers und das dazugehörende Schwenken sehr ernst nahmen, wussten bereits im Voraus, was bald geschehen würde. Aber daran störte sich bis zu diesem Zeitpunkt niemand. Die Anwohner der Taubertgasse kehrten bis zur Ecke Schanzenstraße/ Bahnhofstraße. Als ehrenwerte christliche Bürger hatten sie es sich zur Aufgabe gemacht, den Anteil der dort wohnenden Ordensschwestern und der Kirche gemeinsam als heilige Pflicht wöchentlich und im gegenseitigen Einverständnis zu übernehmen. Sie wollten eine gute Tat vollbringen, vielleicht auch mit dem Hintergedanken, später im Himmel einen guten Platz zu ergattern.

Alle hielten sich an die Vereinbarung, ab 14.00 Uhr wird die Gass gekehrt. Nur die Else nicht. Else kehrte und schwenkte morgens.

Kaum hatten die Nachbarn mit dem Kehren angefangen, lag sie auf der Lauer. Ihr Gezeter und Geschrei prasselten wie ein Donnerwetter auf die ehrlichen Kehrer und Schwenker herab:

„Runner vun meim Trottwar, bei mir is sauwer, ich hun schun gekehrt und geschwenkt. Runner, ich hol sunscht die Bollezei".

Die Drecksbangert vun do iwwe laven des ganze Joohr fer extra auf meim Trottwar rum, ärjen mir die Schwindsucht an de Hals. Ich krie eich all, er werns erlewwe, ich loss mer net mer alles gefalle.

Gegenüber öffnete sich ein Fenster, Frieda steckte ihren Kopf heraus. Solch ein Spektakel in unmittelbarer Nähe wollte sie sich nicht entgehen lassen. Die arme Frau, die vorm Haus Nummer vier kehrte und schwenkte, erschrak dermaßen von Elses Gekreische, dass ihr die Gießkanne aus der Hand fiel. Else scheute sich nicht, ihr auch noch den Gasse-Besen aus der Hand zu reißen.

Gott sei Dank, dass de Schlosser Albert in diesem Moment gerade vom Knallwert kam und für Recht und Ordnung sorgte.

„Frieda streck dein Wersching noi, sunscht monen die Leit, du hättscht Gemüse zu verkaafe", rief er der neugierigen Fenschterguggern zu. Die reagierte natürlich nicht. Eine solch wunderbare Abwechslung vom Alltag konnte sie sich doch nicht entgehen lassen!

Dann packte Albert die Else von hinten, schüttelte sie kurz durch und forderte sie auf: „Mach und schaff dich noi, allti Krack!" Else, völlig außer Atem und mit hochrotem Kopf, drohte Albert mit dem Besen: „Und dich krie ich ah noch!" Und verschwand tatsächlich. Hinter ihrem Hoftor ging das Gezeter weiter. So schnell gab Else nicht auf.

Der Retter der Schwenker und Kehrer blieb so lange, bis Elses Gezeter erstarb und die Nachbarin von Nummer vier sich von ihrem Schrecken erholt hatte.

Es gibt sie nicht mehr, diese Geschichten. Wie schade! Man hat sich um belanglose Dinge gestritten und wieder vertragen. Aber wenn es ernst wurde, konnte sich jeder auf den anderen verlassen. Man mochte sich trotz kleiner Reibereien und war sich im Grunde gut.

Die alte Generation gibt es nicht mehr. Was einmal war, ist Vergangenheit und wir, die damals Kinder waren, wissen: Das ist es, was man Heimat nennt, unsere Heimat.

Elisabeth Vierheller

Nudele un Kersche un die Dreschmaschine

Solange ich denken kann, war es ihn unserer Familie üblich, dass täglich gekocht und wöchentlich gebacken wurde. Diese Leistungen wurden nicht besonders gewürdigt oder gar gelobt, nein, sie waren selbstverständlich und fester Bestandteil der Frauenarbeit.

Zuerst kochte meine Urgroßmutter, weil sie nicht mehr auf dem Feld mithelfen konnte. Nachdem sie gestorben war, nahm meine Großmutter ihren Platz am Küchenherd ein. Da sie aber auch unseren Hausgarten bestellen musste, wurden wir Mädels oft zu Küchenarbeit verpflichtet. Meine Mutter kocht nur im Notfall, üblicherweise war sie auf dem Hof oder mit der Feldarbeit beschäftigt.

Samstags wurde gebacken, meist Hefekuchen in größerer Menge, der reichte dann über die Woche. War er ein bisschen trocken geworden, wurde er in den Kaffee getunkt. Gekocht wurde das, was gerade im Garten reichlich gewachsen war, also Gemüse oder Salat, dazu gab es Kartoffeln, Fleisch oder Eier mit Speck. Fisch gab es selten, denn Oma aß keinen Fisch. Mittwochs gab es Mehlspeisen. Kartoffel- oder Eierpfannkuchen oder selbstgemachte Nudeln, die Großmutter aus den überzähligen Eiern herstellte. Nach dem Kneten rollte sie dazu riesige dünne Fladen aus und trocknete sie ein bis zwei Tage auf dem Küchenschrank. Mit einem sehr scharfen Messer schnitte sie Streifen in unterschiedlicher Breite, die schmalen als Suppeneinlage, die breiten fürs Hauptgericht. Nach dem Kochen gab sie in Butter geröstetes Semmelmehl darüber, das schmeckte unglaublich gut. Dazu gab es eingemachte Kirschen oder Mirabellen. Mein Vater und ich hätte lieber Gulasch dazu gehabt, aber da war nichts zu machen. Höchstens eine Weinschaumsoße gab es manchmal für die Männer.

Einmal im Jahr kam die Dreschmaschine auf den Hof, die Männer droschen das Getreide und trugen die schweren Säcke auf den Speicher. Sie mussten gut verköstigt werden, dazu wurde schon Tage zuvor mit den Vorbereitungen begonnen. Aus unserer Milch wurde Quark und dann Handkäse oder Kochkäse hergestellt. Großmutter kochte Fleisch ab, schnitt es in Stücke und mit sauer eingelegtem Gemüse wurde es zur Sülze in großen Schüsseln vorbereitet. Zwischen 10 und 11 Uhr wurden die Schüssel für die Männer als zweites Frühstück in der ausgeräumten Waschküche aufgetischt. Zum Mittagessen gab es meist Schweinebauch aus dem Ofen mit Kartoffelbrei und Kraut. Wein mit Wasser, Obstsäfte und reichlich Malzkaffee gab es den ganzen Tag über, - dazu Hefe- oder Streuselkuchen. Wenn Großmutter das Gefühl hatte, der Kuchen könnte nicht für alle reichen, dann streute sie vor dem Servieren noch eine große Hand voll Zucker auf die Streusel und meinte lachend: „So, do wern se glei satt sei." Abends wurden große Töpfe voll Pellkartoffeln gekocht, die mit Hausmacher Wurst, Hand-, Kochkäse, Quark und Sülze serviert wurden.

Es waren aufregende Tage für die Frauen und uns Kinder, man wollte ja, dass alle satt wurden und niemand im Dorf erzählen konnte, das Essen hätte nicht gereicht. Wenn nach zwei oder drei Tagen die Drescher wieder abzogen, waren alle froh. Dann gab es erst mal Mehlspeise, meist Nudele mit Kersche.

Marlies Uhrig

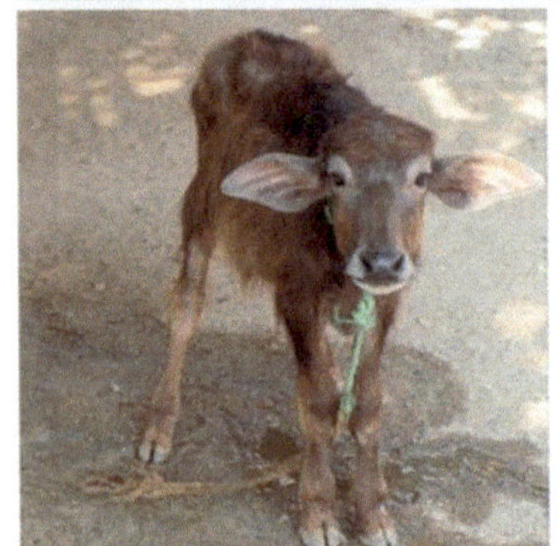

Do wird jo Mensch und Vieh verrickt

Die Muttersau Uschi

Ein Erwerbszweig unseres Bauernhofes war die Schweinezucht. Wir hatten zwei Muttersauen und da diese möglichst zeitnah zum Eber gebracht wurden, bekamen sie meistens auch gleichzeitig Ferkel. Wenn eine Sau rollig war, trieb mein Vater sie durch das hintere Tor zum Faselstall, dort wartete der Eber. Nun gab es in den siebziger Jahren immer weniger Bauern im Ort und auch die Schweinehaltung ging überall zurück oder wurde in Großbetriebe in die Aussiedlerhöfen verlegt. Die Leute im Dorf wurden immer empfindlicher und manche schimpften offen über den Geruch der Kuh- und Schweineställe.

Auch hinter unserem Haus war eine Familie aus der Stadt eingezogen, die Frau war klein, korpulent und wenig attraktiv. Sie hatte ein loses Mundwerk und schon Streit mit allen Nachbarn. Bei meinem Vater hatte sie sich schon lautstark und ausführlich über den Gestank des Misthaufens beschwert. Das hatte er lachend kommentiert mit den Worten: „Aller, dann mach un riech, dass es all werd." Beleidigt war sie abgezogen.

Als er nun mit unserer Muttersau Uschi aus dem Hoftor kam, um sie zum Eber zu treiben, stand die neue Nachbarin mit unter der Brust verschränkten Armen vor der

Haustür und keifte los: „Jetzt treibt der auch noch seine dreckige Sau auf die Gass!"

„Ha", rief mein Vater, ihr zu: „Was glaabschd du dann, wenn oner wähle kennt zwischen meiner Uschi un dir, wenn der nemme dät!" und dann machte er, dass er fort kam, ehe das Fluchgewitter der Frau über ihn hereinbrach.

Marlies Uhrig

Rabe Hansi

Es war ein sonniger Vormittag im Mai 1973. Ich stand auf unserer Treppe zum Hof und hörte, dass jemand meinen Namen rief: „Marita!" und noch einmal: „Marita!"

Ich schaute mich um und sah unseren Nachbarn Fritz Deibert. Mit leuchtenden Augen stand er am Gartenzaun und schmunzelte verschmitzt in die Sonne. Das Lächeln kannte ich von ihm, aber heute war es anders. Lebhaft winkte er mir mit dem Zeigefinger herzukommen. Ich wurde neugierig. Was wollte er wohl?

Fritz Deibert war ein freundlicher älterer Herr mit einem schelmischen Lausbubengesicht, auch wenn er bereits 76 Jahre alt war, so war er immer wieder zu Schabernack aufgelegt. Etwa ein Jahr zuvor hatte er mich in seinem Hof zu einem Schnäpschen eingeladen. Da er und mein Vater einige Zeit vorher einen Nachbarschaftsstreit gehabt hatten, sah ich in der Einladung ein Friedensangebot und wollte dies auf keinen Fall abweisen, auch nicht, als ich auf dem Etikett der Flasche das Weizenkorn erkannte. Ich war damals 13 Jahre alt und hätte mir eher ein Gläschen Eierlikör munden lassen. Zum Glück füllte er das Schnapsglas nicht ganz voll. Beim Trinken schloss ich die Augen, es brannte kurz in meinem Hals, aber der Frieden war gewahrt und das war es mir wert.

Nun stand er also am Gartenzaun und rief meinen Namen. „Komm herüber, ich hab etwas für dich!", erklärte er geheimnisvoll. „Was mag er wohl diesmal im Schilde führen? waren meine Gedanken, als ich zum Hoftor lief. Fritz Deibert erwartete mich schon. Er führte mich durch seinen Garten zum Hühnerstall. Dort öffnete er das Gatter, die Hühner rannten laut gackernd in alle Richtungen, Federn flogen durch die Luft, es roch nach Hühnerkot.

Rechts im Stall stand auf dem Boden eine kleine braune Holzkiste. Gespannt beugte ich mich darüber und erblickte darin drei flauschige Vogelküken. „Das sind ja Rabenküken!" rief ich überrascht. Sie trugen noch ihr Daunenkleid. Eng aneinander geschmiegt hielten sie sich gegenseitig warm. „Du darfst dir eines aussuchen." Als ich mich näher über die Kiste beugte, piepten sie lauter und alle sperrten weit ihre gelben Schnäbel auf.

Die Auswahl fiel mir nicht schwer, denn eines sah aus wie das andere. Ich griff einmal zu und nahm vorsichtig einen der Piepmätze in die Hand. Der kleine Kerl fühlte sich warm und flauschig an. Mit klopfendem Herzen lief ich nach Hause. Was wird Mutter wohl zu dem neuen Haustier sagen?

Wie die meiste Zeit war sie im Garten beschäftigt. Als ich zu ihr lief, blickte sie mit einem Büschel Unkraut in der Hand verwundert auf. Ob ich den kleinen Kerl wohl behalten darf? Als sie das kleine Vogelkind sah, war sie zunächst erstaunt, aber auch erfreut, denn mit der Aufzucht kleiner Tierkinder kannte sie sich gut aus. Die erste Hürde für unseren neuen Freund war schon einmal genommen.

Auch Vater und mein Bruder Werner staunten nicht schlecht, als sie abends nach Hause kamen und das kleine Vogelkind sahen. Schnell fand sich ein ideales Zuhause für den kleinen Kerl. Wir hatten ein dunkelgrünes Taubenhaus mit einem schwarzen Schieferdach, das zurzeit unbewohnt war. Der kleine Rabe Hansi bekam darin ein gemütliches Nest aus Heu und Stroh eingerichtet.

Meine Mutter und ich übernahmen nun die tägliche Pflege und Fütterung, aber auch alle anderen Familienmitglieder hatten ihre Freude an dem handzahmen Kerlchen. Schnell freundete er sich auch mit unserem Schäferhund Prinz an. Hansi wurde ein stattlicher Rabe, seine graue Daunen entwickelten sich zu einem glänzenden schwarzen Federkleid.

Schon einige Wochen später schlug er wild mit den Flügeln und machte die erste Flugversuche.

Er blieb jedoch immer in der Nähe unseres Gartens und bei seinem Freund Prinz. Die beiden spielten oft miteinander, indem sie kleine Stöcke hin und her trugen oder fallen ließen. Sie fraßen sogar gemeinsam aus einem Futternapf. So verging der Sommer in vertrauter Einigkeit und mit manch lustigem Erlebnis.

Jeden Samstagvormittag fuhr Bäcker Augner mit seinem Auto voller Brote durch Osthofens Straßen. Stets kündigte er sich mit einem kurzen, aber lauten Hubkonzert an und Mutter legte daraufhin schon einmal ihr Portemonnaie auf das Treppenpodest im Hof bereit. Als der Bäckerwagen in unsere Straße einbog und Mutter nach ihrem Portemonnaie greifen wollte, war es weg. Wie von Geisterhand verschwunden! Dabei war sie sich doch ganz sicher, es vor kurzer Zeit genau dort abgelegt zu haben.

Hoch oben krächzte Rabe Hansi mit energischer Stimme. Er saß auf einem hölzernen Strommast, in seinen Krallen hielt er das knallrote Lederportemonnaie mit dem goldenen Reißverschluss. Der Schreck war groß, das Portemonnaie war für Mutter unerreichbar!

Mit Engelszungen versuchte sie den Vogel heranzurufen. Doch erst nach einiger Zeit konnte sie mit einer Leckerei in der Hand Hansi wieder herunter locken und das Portemonnaie landete im Salatbeet.

Das Brot nahm an diesem Wochenende lachend unser Vater entgegen und Bäcker Augner hatte eine lustige Geschichte zu erzählen.

Marita Gordner

Schlachtfeste

Jedes Jahr, immer am letzten Wochenende im November, werden in Annes Elternhaus zwei Schweine geschlachtet. Ein Ereignis, auf das sich die ganze Familie nebst Verwandtschaft mit Ausnahme von Anne freut.
Sie hasst die Tage, an denen gemetzelt wird, wie die Pest. Freitags, am frühen Nachmittag werden die Schweine vom Bauer, bei dem die Tiere gemästet wurden, gebracht. Ein Verwandter der Mutter, Onkel Friedrich ist Metzger und seine Handwerkskunst wird im Ort hoch gelobt. Er besitzt eine behördliche Genehmigung, die ihn dazu befähigt, Hausschlachtungen in eigener Regie durchzuführen.
Die meisten Menschen schätzen eigenerzeugte Fleisch- und Wurstwaren über alle Maßen, sind indessen nicht bereit, sich die Arbeit, den Gestank und den Dreck, der damit verbunden ist, aufzuladen. Annes Eltern scheuen diesen Aufwand nicht. Jedes Jahr bestellen sie beim Bauern um die Ecke zwei Mastschweine.
Ein einzelnes Schwein wiegt zwischen 210 und 220 kg, mal etwas mehr, mal etwas weniger. Bevor der Bauer die Sauen bringt, fährt er zur örtlichen Waage. Dort lässt er das genaue Gewicht der Tiere amtlich bescheinigen. Das ist enorm wichtig, denn der Preis der Schlachttiere wird pro Kilogramm berechnet. Meist kostet das Kilo Lebendgewicht 1,20 DM. Das sind dann pro Schwein ca. 250,00 DM. Sehr viel Geld für Annes Eltern. Aber die sparsame Mutter kennt wie immer einen Rat. Der fünfköpfigen Familie würde normalerweise ein Schlachtschwein reichen.

Sie kauft aber zwei Schweine, weil sie Kenntnis davon hat, dass viele Menschen im Ort die Qualitätserzeugnisse von Onkel Friedrich hochschätzen und völlig versessen darauf sind, von ihm erzeugte Wurst- und Fleischwaren zu kaufen.

Anfang November lässt sie bei den Tratschtanten im Ort Bemerkungen, wie zum Beispiel: „Ach, am Ende des Monats wird bei uns wieder geschlachtet," beiläufig fallen.

„Ursprünglich hatten wir ja vor, dieses Jahr nicht zu schlachten. Es ist halt immer ein Berg voll Arbeit. Aber dann haben wir doch wieder zwei Schweine bestellt." Die Klatschtanten erfüllen, wie jedes Jahr ihre „Aufgabe" bravourös.

Und deshalb wundert sich in Annes Familie niemand, wenn in den nächsten Tagen immer mehr Leute mit einem großen Zettel in der Hand eintrudeln. Sie bitten inständig darum, dass die Mutter ihnen nicht unbescheidene Mengen an Leber- Blutwurst und Schwartenmagen verkauft.

Die hält sich zuerst einmal etwas bedeckt, mal wisse sie im Vorfeld nicht, wie schwer die Schweine am Schlachttag tatsächlich sind. Ein andermal hat sie angeblich den Anteil, den die Familie zum Leben braucht, noch nicht errechnet. Die Kaufwilligen legen einen Wunschzettel auf den Tisch, worauf sie unverbindlich ankündigt: „Ich schaue mir mal, was sich so machen lässt."

Am Ende wird sie, wie immer alle Kundenwünsche erfüllen und solche Mengen an Geld eingenommen haben, dass das Schwein, das für den Eigenbedarf bestimmt ist, die Familie fast nichts mehr kostet.

„Die Arbeit und Sauerei darf man halt nicht rechnen"

pflegt sie zu sagen. Oder sie stellt fest: „Jeder muss schließlich selbst sehen, wo er bleibt."

Ab sofort laufen die Planungen für das Schlachtfest.

Der Vater räumt mit der mehr oder weniger tatkräftigen Mithilfe seiner Söhne den kleinen Holzschuppen komplett aus und reinigt ihn penibel und sehr gründlich. Die Wände werden großflächig mit Plastikplanen verkleidet. Der altgediente Schlachtkessel wird genauestens auf seine Dichtigkeit überprüft und ebenfalls sorgsam gereinigt. Einmal benutze Dosen werden mit Hilfe einer Maschine abgeschnitten, damit sie erneut mit einem Deckel fest zu verschließen sind.

Anne und ihre Mutter fahren mit dem Zug zur nächstgrößeren Stadt, um beim Großhändler für Metzgereibedarf, die von Onkel Friedrich bestellten Gewürze abzuholen. Dort kaufen sie erhebliche Mengen an Pergamentpapier ein, das sie zur Verpackung der georderten Wurstwaren brauchen. Auf dem Rückweg schauen sie beim Veterinär vorbei und bestellen ihn für die Fleischbeschau.

Das Gesetz sieht vor, dass das geschlachtete Tier erst weiterverarbeitet werden darf, nachdem der Amtsveterinär dem leblosen Schweinekörper seine Stempel aufgedrückt und eine Unbedenklichkeitsbescheinigung ausgestellt hat.

Endlich kommt der große Tag. Alle Vorbereitungen sind abgeschlossen und die erwartungsfrohe, männliche Verwandtschaft steht mit gezückten Messern bereit.

Anne ist, wie jedes Jahr, kurz bevor die Schweine angeliefert wurden, zu Omi und Opi geflüchtet. Dort bleibt sie, sehr zum Ärger ihrer Mutter, bis zum nächsten Morgen.

Für Anne ist es unerträglich, mit anzusehen, mit anzuhören, wie die Schweine geschlachtet werden. Das hält sie nicht aus.

Ihr Verhalten versteht die Mutter nicht. Sie ist in dieser Hinsicht sehr robust und ist durchaus in der Lage selbst Hühner zu schlachten, was sie auch immer macht.

Das Väterchen hat da mehr Verständnis für sein zartbesaitetes Töchterchen. Es geht ihm selbst so. Die Minuten, in der Schweine geschossen werden, verbringt er bei Oma Ohlig im Pfarrgarten.

Anne hat noch niemals gesehen, dass ihr Vater ein Tier tötet. Die Hasen schlachtet der Opa, die Hühner seine Frau. Und so, ist mal wieder, das Väterchen ihr verlässlicher Verbündeter und setzt gegen den erklärten Willen seiner Frau durch, dass Anne am Schlachttag bei Omi und Opi übernachten wird.

Am nächsten Tag erscheint sie widerwillig, wie von der Mutter verlangt, Punkt 8 Uhr in der Küche. Die ist in ihrem Element. Wie ein General wacht sie über die große Schar der freiwilligen Helfer und teilt allen eine Arbeit zu. Annes Hilfe ist in der Küche, wo es mittlerweile aussieht wie in einer Metzgerei, gefragt. Das Mädchen macht sich seufzend an die Arbeit und schneidet zuerst die Pergamentbögen zurecht. Während sie die Deckel für die Dosen ordentlich beschriftet, denkt sie bei sich: «Hoffentlich ist Gaby eingetrudelt, bevor die Deckel auf die Dosen gesetzt werden müssen».

Anne ekelt sich entsetzlich vor der glibberigen grauen oder blutigen Masse. Der Anblick verursacht bei ihr Brechreiz. Und so verwundert es nicht besonders, dass

Annes fast nichts von den Erzeugnissen isst, die heute hergestellt werden.

Da kommt auch schon eine vor Freude strahlende Gaby. „Gott sei Dank. Auf die ist Verlass" schießt es Anne durch den Kopf. Ihre Freundin liebt die Schlachtfeste in Annes Elternhaus und ist dort als freiwillige Helferin sehr willkommen. Gewandt und ohne Scheu bewegt sie sich zwischen dem Schuppen, in dem gemetzelt wird, und der Küche hin und her. Hält ab und an ein Schwätzchen und lacht über allerlei Scherze. Die Hitze in der kleinen Kammer, der Geruch von Fett und die wabernden Schwaden, die durch das intensive Kochen entstehen, stören sie nicht.

Voller Erleichterung über ihr Dasein überträgt Anne ihr all die Arbeiten, die in irgendeiner Art und Weise mit der Zubereitung der Wurst im Zusammenhang stehen. Sie hilft lieber, der Mutter einen Kuchen zu backen. Onkel Friedrich verlangt nämlich immer, dass er mit einem Apfel-Streusel Kuchen bewirtet wird.

Insgesamt herrscht eine sehr fröhliche Stimmung. Die fleißigen Helfer werden in den Arbeitspausen mit frischem Wellfleisch, Kartoffelbrei und Sauerkraut bestens versorgt. So ein gutes Essen bekommt man nicht alle Tage und auch normalerweise nicht kostenlos.

Gaby sitzt kauend in der Runde. Sie strahlt wie ein frischgeputzter Mülleimer und isst alles, was auf den Tisch kommt. Anne, spitznasig und kreidebleich direkt daneben. Sie würgt, um nicht den Unwillen ihrer Mutter zu erregen, wenigstens etwas Kartoffelbrei hinunter. Dabei fleht sie den lieben Gott an, er möge ihr doch helfen, dass der Brei im Magen verbleibt. Auf die Kommentare ihrer Mutter, wie: „Im Krieg wären wir für dieses Essen kilometerweit gelaufen. Aber das kannst du ja nicht verstehen. Das hast du ja nicht erlebt." Meist fügt sie noch hinzu: „Dir gehört die Zunge geschabt."

Ihr Opa, der Fluch ihres Lebens, sitzt ebenfalls mit am Tisch. Nein das ist falsch, denkt Anne. „Er thront, der alte Drecksack". Aus den Augenwinkeln heraus beobachtet sie ihn. Hört, wie er tönt: „Das Schnütchen und die Bäckchen gehören ausschließlich mir." Bei diesen Worten fuchtelt er mit Messer und Gabel in der Luft herum. Hoffentlich erstickt er daran, hofft Anne rachsüchtig. Wie sie diesen so bösartigen Menschen hasst, der ihr das Leben so unendlich erschwert und vergällt.

Das Anne so bleichgesichtig am Tisch sitzt, hat einen Grund. Gaby war anderweitig beschäftigt und die Mutter schickte deshalb Anne mit einem Auftrag zur Schlachtküche. Darauf hatte der hinterlistige Alte nur gewartet. Geschickt hatte er eine Hand, in die noch flüssige Masse, die später mal Blutwurst werden würde, getaucht und Anne damit quer über das Gesicht gestrichen. „So, jetzt habe ich Anne, dem Kräutchen rühr mich nicht an, mal ein ordentliches Würstchen angemessen" hatte er laut dröhnend verkündet und sich den Bauch gehalten, vor Lachen.

Schreckensstarr stand Anne inmitten der schadenfroh lachenden Menschen. Die scheußliche Flüssigkeit lief ihr den Hals hinunter. Ekel und Übelkeit drohten sie zu überwältigen.

Die Tränen, die ihr in die Augen geschossen waren, hielt sie krampfhaft zurück. „Der alte Drecksack wird mich

nicht weinen sehen. Den Triumph gönne ich ihm nicht!"
Da war auch schon das Väterchen an ihrer Seite und flüsterte ihr ins Ohr: „Ich erledige deinen Auftrag, troll dich."
Bei diesen Worten wischte er ihr zärtlich mit seinem Taschentuch das Schweineblut notdürftig aus dem Gesicht.
Von all den Anwesenden war er der Einzige, der nicht über Ereignis lachte. Das brüllende Gelächter des verhassten Opas verfolgte Anne bis zur Toilette.
Am Abend, wenn die meisten Arbeiten erledigt sind, tragen die Geschwister Metzelsuppe und kleine, extra für diesen Zweck angefertigte Würstchen aus. Die Nachbarn freuen sich und zeigen sich anhand von kleinen Geldgeschenken wohltuend spendabel. Gaby macht sich mit einer großen Kanne Metzelsuppe und etlichen Würsten im Gepäck, glücklich auf den Heimweg.
Der nächste Tag wird nochmals turbulent. Dann kommen die Besitzer der Wunschzettel, um ihre Wurstwaren abzuholen. Und das sind nicht wenige. In den folgenden Tagen werden das Haus und die angeschlossenen Nebengebäude wieder in den Normalzustand versetzt. Die Mutter bereitet nur noch das übrig gebliebene Wurstfett zur Einlagerung vor.
Die restliche Metzelsuppe verschenkt Anne großzügig an ihre Freundin, die sich maßlos über dieses Geschenk freut. Anne dagegen ist heilfroh, dass endlich die Überbleibsel des Schlachtfestes aufgebraucht sind. Einige Tage wird der Geruch von Blut, Fett und Innereien noch in der Luft hängen. Aber wie bemerkt doch ihre Mutter so richtig: „Alles im Leben geht vorbei." „Gott sei Dank" denkt Anne bei sich. „Auch Schlachtfeste haben ein Ende."

Das bedeutet aber leider nicht, dass über das Jahr verteilt kein anderes Vieh geschlachtet wird. Die Eltern ziehen Hasen, Hühner und Hähne, die allesamt, wenn sie groß genug, gemetzelt werden. Was den Speisezettel der Familie enorm bereichert. Dem Federvieh schlägt die Mutter die Köpfe ab, die Hasen schlachtet der Opa oder seit kurzem auch Heri. Das Väterchen ist bekanntermaßen für Metzeleien nicht so der Geeignete.

Anne ist im Ort unterwegs um Brot zukaufen. Sie hat 20 Pfennig in der Tasche und stellt sich vor, diese in eine Tüte Bonbons zu investieren. Da liest sie den Text auf einem Schild: „Heute Hasenausstellung mit großer Tombola." Die werde ich mir ansehen, beschließt sie. Im Saalbau Hupp stehen unzählige Käfige, mit Hasen aller Art. langsam schlendert sie an den Käfigen vorbei. Liest die daran angebrachten Erläuterungen und bedauert die eingesperrten, zur Schau gestellten Tiere.

1 Los kostet 20 Pfennige. Anne überschaut das Angebot. Nicht schlecht, denkt sie. Vielleicht gewinne ich ja was Brauchbares. Sie greift beherzt mit einer Hand in die Lostrommel, wühlt ein paar Mal hin und her und entnimmt ein Los. Sie trudelt es auf. Auf dem Papier steht die Zahl 100. „Ich habe gewonnen", ruft Anne und streckt dem Mann hinter der Theke das Los entgegen.

„Herzlichen Glückwunsch, junge Dame, hast Du auch ein Kästchen dabei?" „Ein Kästchen? Für was brauche ich ein Kästchen?", fragt Anne verdutzt. „Na, für das kleine Häschen" antwortet der Mann lachend. „Für welches Häschen?" stottert Anne. „Na ja, für das Häschen, dass du gerade gewonnen hast" gibt ihr Gegenüber freundlich zurück. Er bückt sich und murmelt vor sich hin. „Mal sehen, ob ich etwas Brauchbares zum Transport unter der Theke finde."

Gleich darauf taucht er wieder mit einer kleinen Pappschachtel auf. „Das wird reichen, du hast es ja nicht allzu weit bis nach Haus." Selig nimmt Anne ihren Gewinn entgegen. In der Schachtel sitzt ein winziger Hase mit roten Augen und weißem Fell.

Zu Hause angekommen bemerkt sie, dass sie zwar einen Hasen mitbringt, im Gegenzug aber das Brot vergessen hat. „Anne, was schleppst du wieder an", vernimmt sie die Stimme der Mutter. „Schau, ich habe bei der Tombola ein goldiges Häschen gewonnen", gibt Anne freudig zurück.

„Und, weiter? Was um Himmelswillen sollen wir mit einem weißen Hasen anfangen? Es wird bald Herbst und über Winter macht es keinen Sinn, dass wir Hasen unnötig füttern."

Heri kommt hinzu und bemerkt. „Ich setze ihn neben den zierlichen Grauen. Dann füttern wir beide so lange, bis sie schlachtreif sind." „Ach, der ist essbar?" fragt die Mutter nun merklich zugänglicher. „Bringe in Gottes Namen den Kleinen in den Stall", fordert sie ihren Sohn auf. „Und du Anne", wendet sie sich an ihre Tochter, „mach dich auf die Socken und hole endlich das Brot, dass du vergessen hast. Es ist Zeit für das Abendessen."

Anne hatte der Diskussion mit offenstehendem Mund zugehört. „Mein Hermelin wird nicht geschlachtet" protestiert sie. „Ich werde mit ihm weitere Hasen züchten. Und aus den weißen Fellen lasse ich mir einen Mantel schneidern" sagt sie energisch. „Jetzt hat sie endgültig den Verstand verloren" merkt Heri an und tippt sich mit dem Zeigefinger an die Schläfe.

Anne ist im Begriff eine Schimpftirade loszulassen, die aber sofort von der Mutter unterbunden wird. „Schluss, mit dem Theater" donnert sie. „Los jetzt, du bringst das verdammte Vieh in den Stall und du gehst Brot holen" fordert sie die Kinder auf. „Die Entscheidung, was mit dem Hasen geschieht, ist nicht spruchreif. Kommt Zeit, kommt Rat." Damit ist die Diskussion für eine lange Zeit beendet.

Es ist Ende Oktober. Anne kommt von der Schule nach Hause und sieht an der Metallstange im Hof einen abgezogenen Hasen baumeln. In der Küche trifft sie auf Heri. Der sitzt am Tisch, den Kopf auf einen Arm gestützt und liest in einem Schundroman.

„Welchen Hasen hast du geschlachtet?" erkundigt sie sich. „Deinen Hasen" antwortet der Bruder, ohne aufzublicken. „Wie, was, meinen Hasen?" fragt Anne dümmlich. Ihr Bruder gibt vor, angestrengt nachzudenken. „Hm, ich meine den Weißen, den mit den roten Augen. Das ist ja ein richtiger Kawenzmann. Ich meine natürlich, das war einmal einer."

Weiter kommt er nicht. Anne fängt an zu schreien und läuft zu den Hasenställen. Das Fach des Hermelins ist leer. „Wo ist das Fell?" kreischt Anne fassungslos. „Du Drecksack, warum hast du meinen Hasen geschlachtet?" „Weil ich es angeordnet habe" vernimmt sie die ruhige Stimme der Mutter. „Ich habe von Anfang an gesagt, dass

kein Hasenbock über den Winter gefüttert wird. Und deshalb landet er im Bräter wie alle anderen Hasen auch. Das Fell liegt in der Mülltonne. Es ist blutig und somit nicht mehr zu gebrauchen. Wage nicht, es herauszunehmen!"
Ungläubig schaut Anne zwischen ihrer Mutter und Heri hin und her. Letzterer grinst blöde und erstere schaut ihre Tochter erbost und gleichzeitig mahnend an. „Ich habe verloren, es hat keinen Zweck einen weiteren Kommentar abzugeben", erkennt Anne traurig. „Es ist wie immer, auf meine Wünsche wird nie Rücksicht genommen." Mit hängendem Kopf verlässt sie die Stätte ihrer Niederlage.
Sonntagmittag, das Essen steht auf dem Tisch. Unlustig und kreidebleich sitzt Anne vor einem Teller, gefüllt mit Kartoffeln und Rotkraut. Sie ist damit beschäftigt die Tränen zurückzuhalten.
„Teller her, Michael", vernimmt sie die Stimme der Mutter. „Ich esse nichts von Annes Hasen. Nie mehr in meinem ganzen Leben werde ich Hasenbraten essen. Ich schließe mich Anne an und esse ab sofort kein Hähnchen, keine Gans und auch keine Ente mehr", verkündet der Kleine trotzig. „Das schlägt ja dem Fass den Boden aus!" wütet die Mutter. „Jetzt hetzt sie schon den Kleinen mit ihren abstrusen Ideen auf!" „«Ja, unser Sensibelchen" meldet sich Heri ungefragt zu Wort. „Sie hat leider nicht mehr alle Tassen im Schrank." Anne ist nicht mehr zurückzuhalten: „Du verkommener Drecksack. Halte endlich dein verdammtes Maul!" schreit sie, um gleich darauf in lautes Schluchzen auszubrechen. Jetzt schaltet sich der Vater ein. „Was ist denn hier los?" donnert er zornig und schlägt krachend mit der flachen Hand so fest auf den

Tisch, dass das Geschirr klappert. „Ist es mir nicht mal am heiligen Sonntag vergönnt in Ruhe zu essen? Anne, jetzt ist es mit deiner Heulerei genug. Ich lasse mir von dir nicht den Appetit verderben. Mach, dass du rauskommst!" Bei diesen Worten weist er mit dem ausgestreckten Zeigefinger zur Tür. Anne packt sich. „Na bravo, Niederlage auf der ganzen Linie. Jetzt habe ich es mir zu allem anderen Übel auch noch mit Väterchen verdorben", weint sie still vor sich hin. Im Flur setzt sie sich auf die Treppe. „Niemand versteht mich" murmelt sie vor sich hin. Sie spürt, wie eine eisige Kälte in ihr hochsteigt. So verloren und einsam hat sie sich schon lange nicht mehr gefühlt.

„Du darfst wieder reinkommen." Michi steht verzagt lächelnd neben ihr. „Nie mehr esse ich Hase, Ente oder sonstiges Viehzeug. Großes Ehrenwort" kündigt der Kleine an. „Ach Michi", traurig streichelt sie dem Brüderchen über die Wange. „Wegen mir brauchst du nicht auf Hasenbraten zu verzichten. Iss, was dir schmeckt. Jeder entscheidet über sein Essverhalten selbst."

Sie wischt sich die Tränen aus dem Gesicht. „Lass uns reingehen, bevor du Ärger bekommst", fordert sie ihr Brüderchen auf.

Halbwegs getröstet betritt sie das Esszimmer. Wenigstens der Kleine hat Verständnis für sie. Welche eine Wohltat, solch einen jüngeren Bruder zu haben.

Anne Michel

Die Sache mit der Ente

Gaby und Anne kennen sich bereits seit dem Kindergarten. Schon damals waren sie für ihre spektakulären Aktivitäten berüchtigt. Bekannt im ganzen Ort als das Duo Infernale.

„Ach, das wird sich ändern, wenn die beiden erstmal zur Schule gehen", zeigte bei einem Gespräch mit Annes Mutter, eine wohlwollende Nachbarin Verständnis für die agilen Mädchen. „Sie haben dann viel weniger Zeit für ihre waghalsigen Aktionen. Und vernünftiger werden sie auch" fügte sie noch tröstend hinzu.

Viel Hoffnung diesbezüglich hat Annes Mutter nicht. Hat sie doch erst gestern einer anderen Nachbarin erzählt, dass an Anne sieben Buben verloren gegangen wären. Und Gaby? Die sei auch nicht viel besser. Die beiden hätten sich halt gesucht und gefunden. Gott sei es geklagt!

Die Mädchen konnten besser klettern als jeder Junge. Weder der Fliederbusch noch der große Kastanienbaum im Hof des Kindergartens stellten eine sonderliche große Herausforderung für die kleinen Kletteräffchen dar und wurden gerne zur Vorführung ihrer Kletterkünste genutzt.

Die altgediente Ordensschwester sollte sich noch lange an den Nachmittag erinnern, als die beiden zu einem Ausflug auf das Dach der Toilettenanlage starteten.

Ausgangspunkt war, einmal mehr der Fliederbusch, der passenderweise ziemlich nahe an der Begrenzungsmauer stand. Mit einem gekonnten Sprung erreichten sie einen überstehenden Ast, ein kurzer Aufstieg zum nächsten und Schwups waren sie schon auf der Mauer. Danach kam der schwierigste Teil des Unternehmens, das Hochklettern auf die steinerne Begrenzung des ca. 2,50 m hohen Hoftores. Mit eleganten Klimmzügen zogen sie sich an der Mauer hoch und standen wenige Augenblicke später triumphierend hoch über dem Tor.

Die schwer geplagte Ordensschwester stand kurz davor, einen Herzinfarkt zu erleiden. Sie hatte große Mühe, die anderen Kinder, ganz besonders die Jungs, davon abzuhalten, Anne und Gaby nachzueifern.

Es folgte ein beherzter Sprung runter auf die andere Seite der Mauer. Von dort bis auf das Dach der Toilettenanlage war es nur ein Katzensprung und stellte keine besonderen Herausforderungen an die kleinen Kletteraffen.

Der letzte Teil der Kletterpartie war der Schönste und Interessanteste: Zirkusreif, wie Trapezkünstler, sprangen sie durch die Luft, hielten sich mit den Händen an dem langen, dicken Ast des Kastanienbaumes fest und schaukelten einmal kurz hin und her um den Schwung herauszunehmen. Dann ließen Sie sich laut jauchzend in den Sand unter dem Baum fallen.

Die Kindergartenschwester, außer sich vor Furcht, hielt den Mädchen eine geharnischte Standpauke. Die Artistinnen hörten sich mit hängenden Köpfen die Litanei an, versprachen alles, was die Ordensschwester hören wollte, und konnten die ganze Aufregung nicht verstehen.

Am nächsten Tag waren die unteren Äste des Fliederbaumes sorgfältig abgesägt, so dass sich weitere Ausflugsmöglichkeiten über diese Route nicht mehr anboten.

Es war immer lustig und ereignisreich, wenn die beiden gemeinsam unterwegs waren. Schusselig, wie Gaby war, fiel sie ständig über ihre eigenen Füße. Die daraus folgenden unvermeidbaren Stürze waren nicht nur filmreif, sondern auch sehr schmerzhaft für das kleine Mädchen.

Die Leute im Ort kannten Gaby im Sommer nur mit pflasterverklebten Knien. In der kälteren Jahreszeit mit an dieser Stelle gestopften Hosen und Strumpfhosen.

Jedes Mal, wenn Gaby stolperte, nahm sich Anne fest vor, nicht zu lachen. Es tat ihr in der Seele weh, die Freundin so leiden zu sehen. Aber die Stürze waren so komisch, so außergewöhnlich, dass sich Anne niemals das Lachen verkneifen konnte.

„Komm, ich helfe dir aufzustehen" kam meist noch in einer normalen Tonlage. Gleich darauf prustete sie los und fing an, lauthals schallend zu lachen. Dabei liefen ihr die Lachtränen über das Gesicht. Sie konnte es beim besten Willen nicht verhindern.

Gabys Zorn traf sie auf der Stelle. Diese hatte sich mittlerweile wieder berappelt, stampfte wie das Rumpelstilzchen, schrie, weinte und belegte Anne mit unerwähnbaren Namen aus ihrem schier unerschöpflichen Repertoire mit Schimpfworten.

Letztere entschuldigte sich, half der Freundin, evtl. Schäden zu beseitigen. Wenn die neu entstandenen Wunden zu stark bluteten, steuerte sie auch schon mal ein mäßig sauberes Taschentuch bei und verband damit das Bein der Verletzten sehr gewissenhaft.

Da Gabys Mutter nachmittags arbeiten musste, nahm sich Annes Mutter liebevoll Gabys Blessuren an. Manchmal reichten ihre Kenntnisse nicht aus. Dann war der Gang zur Gemeindekrankenschwester Emanuela unausweichlich. Dieser sind die Freundinnen nicht unbekannt. Schwester Ursula, die Kindergartenschwester, wird ihr wahrscheinlich das Leid mit beiden geklagt haben. Die beiden Ordensfrauen, aus der Kongregation der Bühler Schwestern, leben seit eh und je zusammen im Obergeschoß des Kindergartens.

Beim Aufpassen und Zuhören haperte es bei Gaby etwas. Anweisungen ihrer Mutter, ganz besonders wenn es sich dabei um Arbeitsaufträge handelte, waren bei Gaby nicht sonderlich beliebt.

Häufig stellte sie die Ohren auf Durchzug, verstand nur die Hälfte, oder das, was ihr gerade so in den Kram passte. So war es auch bei der Sache mit den Enten, die sie zurück in den Pferch bringen sollte.

Unglücklicherweise kam Anne an diesem Tag etwas später bei der Freundin an, so dass sie den genauen Wortlaut des Auftrages nicht mitbekommen hatte.

Mit den Worten: „Ich darf erst mit dir spielen, wenn ich die Enten eingesperrt habe", wurde Anne von ihrer Freundin begrüßt.

„Ok, das ist kein Problem für mich" entgegnete Anne. „Ich helfe dir gerne, die Viecher zurück in den Stall zu bringen. Wie viele Enten sind es?" wollte Anne wissen. „Neun", antwortete Gaby und reckte genauso viele Finger hoch.

Die beiden machten sich eilig an die Arbeit und sehr bald waren acht Enten im Pferch versammelt. Die neunte Ente fehlte, war einfach nicht zu finden. Akribisch durchsuchten sie den Garten, die Scheune und den Hof.

„Wo ist die verdammte neunte Ente, dieses Mistvieh?", schrie Gaby voller Wut. „Ich möchte sicher nicht den ganzen Nachmittag mit der Suche nach der vermaledeiten Ente verbringen." Die neunte Ente war wie vom Erdboden verschluckt.

Mittlerweile wurde den Mädchen angst und bange. Hatten sie vielleicht das Eingangstor nicht ordentlich geschlossen? Oder gab es ein Loch im Zaun, von dem sie nichts wussten, und durch das die Ente das Weite gesucht haben konnte?

Gabys Bruder hatte sich, wie immer in solch prekären Fällen, aus dem Staube gemacht und war seiner Schwester keine große Hilfe. Ganz im Gegenteil. Vielleicht ist die Ente durch seine Unvorsichtigkeit entkommen, vermutete Gaby. „Das wäre dem Deppen glatt zuzutrauen", tobte sie lauthals vor sich hin.

In ihrer Angst, dass die Ente unwiederbringlich verloren schien, verstieg sich Gaby in immer abenteuerlichere Erklärungen. Eine Ente weniger, bedeutete, dass in naher Zukunft an einen Sonntag kein Braten auf dem Tisch steht. Die Folgen? Nicht auszudenken.

Als ihre Mutter nach Hause kam, fand sie zwei völlig aufgelöste Mädchen vor. Gaby liefen die Tränen unablässig über das Gesicht, als sie ihrer Mutter schluchzend beichtete, dass sie die neunte Ente nicht finden konnten.

Die schaute ihre Tochter verdutzt an und fragte: „Gaby, warum um Himmelswillen sucht ihr nach neun Enten? Wir haben doch nur acht!"

Gaby bekam den Mund nicht mehr zu und Anne sagte: „Vielen Dank für den schönen Nachmittag. Es wäre nicht verkehrt, wenn du mal deine Ohren richtig putzen würdest, damit du besser hören kannst!"

Anne Michel

Rheinhessische Ökumene

Die Mine Tante

Wir Kinder haben sie geliebt. Sie war die Schwester meiner Urgroßmutter und hatte in den Nachbarort geheiratet. Eigentlich hieß sie Maria, aber „Mine" war ihr Kosename, wir alle nannten sie so.

Sie war eine kleine quirlige Frau, immer adrett angezogen und sehr unternehmungslustig. Um unsere Urgroßmutter zu besuchen, musste sie vier Kilometer zu Fuß gehen, denn ein Auto hatte sie in den 50er Jahren nicht. Aber das machte ihr gar nichts aus. Sie war gut zu Fuß und da noch weitere Geschwister im Ort wohnten, machte sie ihre Runde. Manchmal vergaß sie die Zeit bei ihrer Visite und schaffte es nicht vor dem Dunkelwerden nach Hause, denn schlief sie bei unserer verwitweten Urgroßmutter im Ehebett.

Wenn sie da war, schlief ich immer in der Mitte zwischen den beiden. Denn die Mine Tante erzählte so schöne Geschichten, vorwiegend aus der Bibel, weil sie sehr, sehr fromm war. Meistens fand sie erst ein Ende, wenn unsere Oma sagte: „Mine, jetzt langts awer, ich muß moje frieh raus." Dann sprach sie stets noch ein ausführliches Nachtgebet.

Für uns Kinder war die Mine Tante der Inbegriff der Frömmigkeit, vor allem das Paradies konnte sie in den herrlichsten Farben schildern, wir glaubten ihr jedes Wort, auch wenn unser Vater immer den Kopf schüttelte.

Nun wurde zu dieser Zeit auf dem Land noch sehr drauf geachtet, wer evangelisch und wer katholisch war. Also hatte ich mir überlegt, die Mine Tante zu fragen, was der liebe Gott denn nun eigentliche lieber haben wollte - Katholische oder Evangelische. Und sie hat aus vollem Herzen geantwortet: „Gläubige Kind; nur Gläubige!"

Das hat mich so beeindruckt, dass ich es bis heute nicht vergessen habe.

Marlies Uhrig

Der evangelische Lutscher

In meiner Kindheit entschied man noch streng zwischen katholisch und evangelisch, auch wenn man die Dorfgemeinschaft in gegenseitiger Achtung, Respekt, problemloser Akzeptanz und im normalen Umgang miteinander lebte. Die Trennung zwischen den Konfessionen zeigte sich hauptsächlich in den Angeboten der Kirchengemeinden, den beiden Kirchengebäuden und den unterschiedlich gestalteten Gottesdiensten.

Alle Kinder besuchten die christliche Simultan-Schule in unserem Dorf. Lediglich die Religionsstunden waren strikt getrennt. Zweimal wöchentlich unterrichten die beiden Pfarrer die Kinder in der eigenen Konfession. Beide Pfarrer waren im gleichen Alter und beiden trugen den Vornamen Wilhelm.

Der evangelische Pfarrer galt als extrem streng und konsequent in allen Bereichen seines Amtes. Lange zwei Jahre mussten die Mädchen und Buben wöchentlich an zwei Nachmittagen jeweils für zwei Stunden den Konfirmationsunterricht besuchen, dazu noch den sonntäglichen Gottesdienst.

Der Katholische Pfarrer galt als sanftmütig und nachsichtig, so dass es bei den katholischen Dorfbuben öfter an Respekt fehlte. Das brachte ihn manchmal so zur Weißglut, das er auch mal Backpfeifen verteilte, was ihm nachher sofort wieder leid tat.

Die wesentlich jüngeren katholischen Kinder besuchten mit etwa acht bis neun Jahren den Kommunionsunterricht für etwa sechs Monate.

Es gab zwei Kindergärten in unserem Dorf, die sogenannten Kinderschulen. Der evangelische Kindergarten wurde von Diakonissen betreut, der katholische Kindergarten von Ordensfrauen.

Jedes Jahr an einem Sonntag im Sommer veranstaltete die Evangelische Kirchengemeinde mit Pfarrer Wegener ein Sommerfest. Alle Kinder vom Kindergartenalter an bis zum Schulende übten sich im Singen, studierten kleine Theaterstücke und Tänze ein. Die Eltern, die ganze Kirchengemeinde feierten mit bei Kaffee und Kuchen. Im Anschluss an die Vorführungen der Kinder bedankte sich Pfarrer Wegener bei den Kindern mit diversen Süßigkeiten.

Wir katholischen Kinder schauten von den abgrenzenden Stangen des Fußballplatzes, auf dem das ganze Fest stattfand, den Darbietungen zu und bewunderten unsere Mitschüler und Mitschülerinnen.

Ich weiß nicht, was mich getrieben hat, oder wie es dazu kam, plötzlich war ich auch in der Meute der Kinder, die ihre süße Gage abholten. Dabei war ich eher ein zurückhaltendes Kind. Aber auf einmal hatte ich einen Lutscher in der Hand, eigenhändig vom evangelischen Pfarrer überreicht.

Entsetzt riefen die Kinder: „Herr Pfarrer, Herr Pfarrer, die ist doch katholisch!“ Ohne mit der Wimper zu zucken und mir freundlich zugewandt, sagte er zu den Kindern: „Ei, die kann auch mal einen evangelischen Lutscher essen!"

Dieses Ereignis habe ich niemals vergessen und dabei erkannt, dass evangelische Pfarrer auch sehr nett sein können.

Im Nachhinein würde ich sagen: „ Ein wichtiger Weg zur Ökumene. Man muss bei den Kleinen anfangen, wenn man nachhaltig etwas erreichen will."

Elisabeth Vierheller

Was bleibt

Meine Erinnerungskiste

Gerade die Generation meiner Tochter, die in ihren Dreißigern ist, hat eine große Fangemeinde im Minimalismus. „Decladder your life" - weg mit dem alten Ballast! Clean und puristisch sehen die Wohnzimmer aus, bevorzugt in den Farben Weiß und Grau oder beige. Meine Tochter zeigt mir YouTube-Kanäle von genialen Aufräumerinnen, die T-Shirts falten und farblich sortieren. Überhaupt wird alles farblich sortiert, z. B. auch Bücherregale. Diese sehen bei mir bunt, unruhig und durcheinander aus. Aber ich finde meine Bücher auf Anhieb! Wenn ich „Die Nebel von Avalon" suche, weiß ich, dass es neben den anderen historischen Romanen steht und nicht neben „Wirtschaftsanalyse Deutschland", nur weil beide Buchrücken grau sind.

Die „Nebel von Avalon" ist übrigens eines der Bücher, die in meiner Erinnerungskiste landen. Genauso wie das Märchenbuch „Die güldene Kette", das ich tatsächlich erst letzten Monat gekauft habe. Dieses Buch aus meiner Kindheit gehörte nämlich meiner Schwester, die es auch bei ihrem Auszug aus dem Elternhaus mitnahm und das nach ihrem Leben und Tod im Ausland verschwand. Dank dem ZVAB (zentraler Verband antiquarischer Bücher) und viel Geduld, fand ich es tatsächlich wieder. Daraus lernen wir: man kann sich Erinnerungsstücke tatsächlich nachbeschaffen.

Meine Erinnerungskiste muss sehr groß sein. Eigentlich so groß wie unser Haus, das vollgestopft ist mit Dingen, von denen ich mich nicht trennen kann oder will. Warum auch? Ich besitze z.B. noch einen Zuckerwürfel aus dem Peninsula Hotel in Hongkong, wo wir 1992 zum High Tea waren. Ohne diesen Zuckerwürfel, der auf meinem Schreibtisch liegt, hätte ich das vielleicht vergessen. Es gibt auch noch ein original Singapur Sling Glas aus dem Raffles Hotel und einen Bleistift aus Södertuna Slott in Schweden.

Immer schon habe ich Dinge gesammelt und gehortet. Meine Tochter Katharina kommentiert das mit: „Marie Kondo sagt: Nimm jedes Teil in die Hand und frage dein Innerstes: macht mich dieses Teil glücklich? Wenn du es nicht bejahen kannst, wirf es weg!" Also nehme ich jedes Teil aus dem Innern meiner Schränke in die Hand und frage mich: Macht mich dieses Teil glücklich? Ja, ja, ja es macht mich glücklich, also darf es bleiben!

Ich bin eben aus einer anderen Generation. In den 80er Jahren wurden unsere Wohnungen vollgestopft und überdekoriert mit Krimskrams. Wartet nur ab, ihr Puristen: Irgendwann werden eure Kinder eure leeren Wohnzimmer wieder auffüllen mit Erinnerungsstücken und Krimskrams, da bin ich mir sicher!

Im Sommer hatte ich Besuch von meiner besten Freundin aus der Schulzeit. Sie lebt schon seit 20 Jahren in Österreich und wir sehen uns selten. Es war ein heißer Tag und wir gingen zum Schwimmen an den Badesee. Wir tun das in meiner Familie sehr oft, deshalb hat jeder sein entsprechendes Badetuch für diesen Zweck stets griffbereit. Meines ist rot mit blauen Nilpferden.

Steffi deutete auf das Badetuch, dann sagt sie „das habe ich dir mal geschenkt, vor über 30 Jahren. Nicht dein Ernst, dass du das noch hast.“ Darauf ich: „Ja, und stell dir vor, jedes Mal, wenn ich es in die Hand nehme, denke ich an dich…“

So bin ich, das beschreibt mich genau!

Anmerkung meiner Tochter:

„Guten Tag und willkommen in der heutigen Gruppenstunde der anonymen Bastelmaterialsammler. Unsere heutige Wochenaufgabe ist: Wir werfen eine leere Küchenrolle weg…“

Dagmar Rückrich-Menger

Das classische Vergissmeinnicht

Ach, jetzt holst du mich aus dem Regal? Das hat ja ganz schön lange gedauert. Ich dachte schon, du vergisst mich komplett.

Ich bin zwar kein Gedankenleser, aber dass du dir schon ein paar Mal überlegt hast mich zu entsorgen, das weiß ich genau! In der Mülltonne hab ich mich schon gesehen, weil ich völlig zerfleddert ausgesehen habe und einige Seiten in mir eingerissen waren. Jedes Mal, wenn du mich entsorgen wolltest, hast du noch ein paar Mal in meinen Seiten geblättert, die eine oder andere Schrift wiedererkannt und vor allem die Namen der vielen Bekannten und Verwandten haben dir das Herz schwer werden lassen. Das war meine Rettung!

Viele Erinnerungen aus Erzählungen deiner Mutter tauchen wieder auf. Du liest den Namen Wilhelmine Nikolaus und die Widmung ganz am Anfang des Büchleins. Sie war eine Freundin deiner Mutter und hat ihr das Büchlein 1938 geschenkt. „Zum ewigen Andenken" hat sie damals geschrieben und das ist ihr ja auch gelungen, wie man heute sehen kann. Leider haben der Zweite Weltkrieg und die Umstände die zwei Freundinnen dann doch noch getrennt. Ich weiß aus einer Geschichte deiner Mutter, dass Wilhelmine Nikolaus nach Frankreich gezogen ist und dort geheiratet hatte. Danach war der Kontakt dann abgerissen.

Ja und dann ist da die Schrift deiner Oma Gretel aus Osthofen. Am 14. Februar hat sie etwas in Sütterlinschrift eingetragen, aber das kann heute kaum noch jemand lesen. Lend heißt der Zuname. Den Vornamen konnte niemand entziffern.

Auch du hast gerne in mir gelesen und so manchen Geburtstag hineingeschrieben. Am 21. Februar war der Geburtstag deines Onkels Heinrich aus dem Elsass und am 9. März der seiner Frau Susanna. Deinen ersten Urlaub hast du dort mit deinen Eltern verbracht. Das war in den Sommerferien 1970.

Deine Schwester Gisela hat sich am 14. Mai und ihre Freundin Monika Ohnacker am1 3. Mai 1954 in dem Buch verewigt, wie man noch nachlesen kann. Dein Bruder Werner wollte auf dem Deckblatt stehen.

Die meisten Eintragungen sind von deiner Mutter. Alle möglichen Verwanden, Bekannten, Arbeitskolleginnen und sogar eure Nachbarschaft aus der Saarstraße sind darin verewigt und fast alle schon verstorben!

Nichts ist beständiger als die Veränderung, alles ist ein Kommen und ein Gehen.

Zum Glück hast du im SWR die Sendung, „Der letzte seines Standes" gesehen. Dort wurde eine Buchbinderin aus Gau-Odernheim vorgestellt. Ja, und so kam ich dir wieder in den Sinn. Du hast mich kurzerhand in deine Tasche gepackt und bist mit mir nach Gau-Odernheim gefahren und hast die Buchbinderin gefragt, ob aus meinen zerfledderten Seiten noch was zu machen wäre? Das war für sie kein Problem und du hast sogar noch einiges über die Bücherherstellung erfahren!

Um das Jahr 1885 wurden Bücher nicht mehr mit einem Faden zusammengeheftet, sondern mit Klammern getackert und so wurde die Buchherstellung schneller, aber auch billiger. Das classische Vergissmeinnicht ist eine Art Poesiealbum, das an jedem Tag des Jahres einen kleinen Vers beinhaltet. Ein kleiner Wegweiser für jeden Tag, sozusagen.

Jetzt bin ich wieder neu aufgemöbelt. Mit ein paar Seiten Pergamentpapier repariert und mit meinem neuen Buchrücken sehe ich doch wieder ganz passabel aus.

Marita Gordner

Was ich einmal werden wollte

Im Laufe eines Kinderlebens sammeln sich viele Berufswünsche im Sinne von: „Wenn ich groß bin, werde ich…“

Solche Wünsche werden oft durch einzelne Begebenheiten oder Begegnungen geweckt. Ich war als Kind eine Stubenhockerin. Ich liebte das Fernsehen und meine Bücher. Natürlich war ich trotzdem viel draußen. Früher, in den 60er Jahren wurde man als Kind regelrecht aus dem Haus gescheucht, damit man Farbe ins Gesicht bekam und zuhause während dieser Zeit nichts schmutzig oder unordentlich machen konnte.

Aber schon lange vor dieser Zeit (und vor meinen späteren Berufswünschen wie Revolverheldin, Tierärztin in Afrika u.v.m.) beschloss ich, später einmal Spanierin zu werden. Ausschlaggebend dafür war eine Deko-Puppe die mir meine Eltern von einem Spanienurlaub mitbrachten. Während meine sieben Jahre ältere Schwester sie begleiten durfte, wurde ich in der Obhut meiner Großeltern zurückgelassen. Ein wenig traurig war ich darüber schon. Aber der Satz: „Sie bringen dir bestimmt etwas Schönes mit“ wirkte Wunder.

Mit der Puppe im Tanzkleid hatten sie genau meinen Geschmack getroffen. Das Kleid war rot und schwarz und hatte Strüffel und Volants am langen Rock. Die Haare der Puppe waren schwarz und zu einem Knoten gebunden, in dem ein großer Schmuck-Kamm steckte, über den ein Spitzentuch gelegt war. Ich wusste sogar, dass dies eine

Mantilla war. An ihren kleinen Händen waren winzige Kastagnetten befestig. Die Puppe wurde mit Hilfe eines Drahtgestells stabilisiert und stand von da an auf der Kommode in meinem Kinderzimmer. Ich konnte mich gar nicht an ihr satt sehen. Jedes Mal, wenn ich sie betrachtete, beschloss ich, später Spanierin zu werden und immer so ein Kleid zu tragen. Ich dachte zwar auch durchaus darüber nach, dass es sicher in manchen Situationen unpraktisch sein könnte, so gekleidet zu sein, z.B. bei der Traubenlese. Jedoch überwog mein Wunsch, immer so schön auszusehen. Heimlich übte ich in den Schuhen meiner Mutter stampfende Steppschritte, wie ich es bei einer Flamencotänzerin im Fernsehen gesehen hatte. Ich war davon überzeugt, dass ich eine sehr gute Spanierin werden würde.

Mein Traum wich wohl der Realität, als ein entfernter Onkel eine Spanierin heiratete. Sie war sehr nett und ich mochte sie sehr gerne. Leider sah sie meiner Puppe überhaupt nicht ähnlich, denn sie hatte sich in Dirndlkleider verliebt und trug diese, sooft ich sie sah.

Nun ist sie über 80 Jahre alt und in einem spanischen Tanzkleid hat sie sich niemals vor mir präsentiert.

Dagmar Rückrich-Menger

Das Alter

Ab wann ist ein Mensch alt?

Bin ich alt, wenn ich Erinnerungen habe?
Dann wäre ein Kind, das in die Schule kommt, auch alt,
denn es wäre sechs Jahre und hätte Erinnerungen an seine
Kindergartenzeit.

Bin ich alt, wenn ich die Schule verlasse und mit einer Be-
rufsausbildung beginne ? Denn dann bin ich 16 Jahre und
habe Erinnerungen an meine Schulzeit.

Bin ich alt, wenn ich mich das erste Mal verliebe und für
mich der Himmel voller Geigen hängt und die Kinderzeit
Vergangenheit ist.

Bin ich alt, wenn ich meine große Liebe heirate? Denn
dann bin ich zwanzig, übernehme Verantwortung für jemand anderen und bin kein Kind mehr.

Bin ich alt, wenn ich im Beruf und im Leben meinen Weg
gefunden habe? Dann bin ich dreißig Jahre, erwachsen
und unabhängig.

Bin ich alt, wenn ich zufrieden bin? Mir viele Reisen
gönne und andere Länder entdecke? Denn dann bin ich
vierzig Jahre und schau zurück auf das, was ich bisher erreicht habe.

Bin ich alt, wenn ich mir mehr Ruhe gönne und lieber gute
Bücher lese? Denn dann bin ich fünfzig und lerne gerne
noch etwas dazu.

Bin ich alt, wenn ich mehr Falten habe und meine Haare grau sind? Denn jetzt bin ich sechzig und stehe zu den Wandlungen meines Körpers und meinem Ich.

Bin ich etwa alt, weil ich die Sechzig überschritten habe und neugierig bin, was noch Schönes kommt?

Noch bin ich neugierig…

Gisela Diehl

Zauber der Weihnachtszeit

Wir warten aufs Christkind

Am Heiligen Abend sitzen Anne und ihre Brüder ab 15 Uhr frisch gebadet, gestriegelt und angetan mit ihrer besten Kleidung am Küchentisch und spielen „Mensch ärgere dich nicht".

Im Hintergrund läuft im Radio leise die Sendung: „Wir warten aufs Christkind". Ungewohnt still verläuft das Spiel. Niemand beschwert sich über angeblich falsch gesetzte Spielfiguren oder beschuldigt den Bruder, die Schwester, geschummelt zu haben. Es herrscht eine Harmonie wie im Bilderbuch.

Die Mutter werkelt ein bisschen in der Küche herum, trifft noch Vorbereitungen für das Festessen am Ersten Weihnachtsfeiertag.

Väterchen läuft ständig hin und her. Mal sieht er nach, ob er das Fenster im Wohnzimmer geöffnet hat. Ein anderes Mal leistet er dem Christkind irgendwelche Hilfestellungen.

Manchmal führt er ein kurzes Gespräch mit der Mutter im Flüsterton. Worauf die beiden für eine kleine Weile gemeinsam aus der Küche verschwinden.

Auf die Fragen der Kinder, „was denn so Wichtiges zu erledigen war“, bekommen sie keine, oder nur ausweichende Auskünfte: „Das Christkind wollte wissen, ob ihr auch wirklich das ganze Jahr über brav gewesen seid.“

„Diese Antwort ist die Unglaubwürdigste, die man sich nur vorstellen kann“, denkt Anne jedes Mal. „Das Kind möchte ich kennenlernen, dass es tatsächlich schafft, ein ganzes langes Jahr artig zu sein!“

An Heris amüsierten Gesichtsausdruck erkennt Anne, dass er das Gleiche denkt wie sie. Ihre unangebrachten Kommentare schlucken sie großmütig hinunter.

Michi, der Jüngste gibt die von den Eltern erwartete Antwort: „Ich war immer brav und Heri und Anne waren es auch. Ich schwöre es.“ Vater und Mutter lachen und Letztere sagt: „Ja, ja, ich weiß. Ihr seid die einzigen Kinder, die ein Plus in Artigkeit zu verzeichnen haben.“

Heri und Anne grinsen, bringen es jedoch nicht über das Herz, ihrem kleinen Bruder die kindliche Vorfreude zu nehmen. Er zappelt und kann sich kaum auf das Spiel konzentrieren. Endlich ist es Zeit für den Nachmittagskaffee.

Alle freuen sich über die willkommene Ablenkung. Alle sitzen gemeinsam am Tisch und genießen Kakao und den frisch gebackenen Streuselkuchen, den die Mutter auf den Tisch stellt.

Ab jetzt beginnt für Anne Weihnachten. Sie liebt dieses alljährliche Ritual über alle Maßen. Ihre Augen wandern in der Küche umher.

Der Kohleofen spendet eine angenehme Wärme. Sie sieht die Herdplatte glühen und hört, wie das Wasser im Schiff leise singt.

Stolz schaut sie auf die mit Strohsternen geschmückten Fenster. So viele Nachmittage haben die Kinder gemeinsam daran gebastelt.

Die elektrische Beleuchtung ist ausgeschaltet. Nur die vier brennenden Kerzen auf dem Adventskranz spenden ein kleines Licht.

Eine friedliche, erwartungsvolle Stimmung macht sich in der kleinen Küche breit.

Die Kinder erzählen von ihren Erwartungen, von ihren Wünschen und Hoffnungen. Sie freuen sich auf die kommenden Tage, die sie in der geheizten, guten Stube mit den Freunden spielend verbringen werden.

Endlich läutet das Glöckchen. Das Warten hat ein Ende.

Anne Michel

Mein erstes Bügeleisen

Ich muss so sechs oder sieben Jahre alt gewesen sein, als ich mir zu Weihnachten ein Bügeleisen wünschte, um damit meine Puppenkleider zu bügeln.

Tatsächlich ging mein Wunsch am Heiligabend in Erfüllung. Es war ein kleines, rotes, elektrisches Bügeleisen mit Temperaturregler. Ich war überglücklich und bügelte den ganzen Abend damit.

Am 1. Weihnachtsfeiertag kam mein Cousin mit Familie zu Besuch, er war fünf Jahre älter als ich und er fand mein neues Bügeleisen außerordentlich interessant. Er schob den Temperaturregler auf die höchste Stufe, um herauszufinden, wie heiß es wohl werden würde. Währenddessen wurden wir Kinder zum Mittagessen in die Küche gerufen. Das Bügeleisen blieb im Weihnachtszimmer auf dem Sofa zurück.

Irgendwann nach dem Mittagessen gingen wir wieder in die „gute Stube". Oh Gott, hier stank es fürchterlich! Die Stube war voller Qualm, das neue Bügeleisen glühte, es hatten den Bezugsstoff des Sofas durchgebrannt, man konnte bereits das Polstermaterial sehen und die Stahlfedern darunter erkennen. Der Plastikgriff des Bügeleisens begann schon zu schmelzen. Wir standen entsetzt davor, ich begann laut zu weinen und mein Cousin rannt hinaus und versteckte sich in der Scheune. Eltern, Großeltern und die ganze Verwandtschaft stürzten ins Weihnachtszimmer, es herrschte helle Aufregung. Die Fenster wurden aufgerissen, mein Vater zog den Stecker aus der Dose und warf das glühende Ding mit Schwung in den Hof. Ich heulte noch lauter, weil ich ahnte, dass es jetzt mit dem Bügeln vorbei war. Nachdem der Rauch verzogen war, wurde der Schaden genauer begutachtet. Meine Großmutter beruhigte alle, denn es hätte ja noch schlimmer kommen können, wenn die Couch gebrannt hätte. Später begradigte sie die verbrannten Ränder, stopfte etwas Holzwolle hinein, nähte von Hand einen Stoffrest in ähnlichem Muster darauf. Dann stellte sie das schönste Sofakissen obendrauf, das sie mit einem Handschlag in die Mitte dekorierte.

So stand das Sofa noch viele Jahre in der „guten Stube" und immer an Weihnachten wurde wieder an das Bügeleisen gedacht. Ein neues habe ich aber nicht mehr bekommen, stattdessen stand eine kleine Nähmaschine unter dem Weihnachtsbaum. Damit habe ich mir dann prompt durch den Finger genäht, aber das ist eine andere Geschichte.

Marlies Uhrig

mein Volk
trö -
trö - stet, trö - stet mein V
Trö - stet, trö - stet, trö - stet mein V
Trö - stet, trö - stet, trö - stet mein Volk,
et, trö - stet, trö - stet mein
stet, trö - stet trö - stet mein

Bescherungen

Erwartungsvoll steigen die Kinder die Treppe hoch. Das Wohnzimmer liegt völlig im Dunkeln. Nur die elektrischen Kerzen am Weihnachtsbaum erleuchten den Raum.

Der Baum ist mit silberfarbigen Kugeln und Lametta geschmückt. Direkt davor steht die alte Krippe.

Auf dem Boden vor dem Baum, liegen farbenfroh verpackte Pakete in verschiedenen Größen. Rechts und links sind eine Puppenstube, ein Kaufladen, ein Bauernhof und eine Ritterburg aufgebaut. Anne fällt sofort auf, dass die Gardinen und das Bettzeug in der Puppenstube neu sind.

Ziemlich weit vorne steht ein Dreirad. Michi ist kaum noch zu halten, da er vermutet, dass es für ihn sein wird. Die Mutter hält den kleinen Racker lachend zurück.

„Langsam, junger Mann" sagt sie, „zuerst wird gesungen." Anne hält die Blockflöte in der Hand. „Welches Lied soll ich spielen?" Fragend schaut sie in die Runde. „Ist doch egal, einigt euch" fordert der Vater seine Kinder auf.

„Okay, beginnen wir mit O du Fröhliche" beschließt Anne und fängt an zu spielen. In der Folge singen sie noch „alle Jahre wieder" und „stille Nacht, Heilige Nacht".

„So, dann werden wir mal nachsehen, was das Christkind gebracht hat", sagt die Mutter und fängt mit Michi, dem Kleinsten an. Der hat sich schon auf das Dreirad geschwungen und fährt überglücklich durch das Wohnzimmer. Bevor er mit seinem Rad in den Weihnachtsbaum hineinfährt, überredet sie ihn, nach weiteren Geschenken zu suchen.

Nach und nach erhält jedes Familienmitglied seine Geschenke und packt diese vorsichtig aus. Das Papier soll möglichst nicht beschädigt werden. Es wird ordentlich gefaltet und zur Seite gelegt, damit es im nächsten Jahr nochmals zu verwenden ist.

Anne packt einen neuen Mantel, Winterstiefel, eine Hose und einen warmen Pulli aus. Sie hat alles schon anprobiert und die Mutter sagen hören, dass die Kinder so schnell aus ihren Kleidern herauswachsen, dass sie mit dem Kaufen nicht mehr nachkommt.

Seitdem hat sie mal wieder ein schlechtes Gewissen. Es bedrückt sie, dass die Eltern eine Menge Geld für sie ausgegeben haben. Sie erwartet deshalb nicht, dass weitere Geschenke für sie unter dem Baum liegen und schaut demzufolge nicht mehr nach.

Die Brüder und die Eltern haben inzwischen ihre Geschenke ausgepackt. Die Kinder sind glücklich und bedanken sich herzlich, mit mehr oder weniger feuchten Küssen, bei Vater und Mutter.

Zwei kleinere Päckchen liegen auf dem Boden unter dem Weihnachtsbaum. Anne hat kein Auge dafür. Sie ist damit beschäftigt, zärtlich über den kuscheligen Pelzkragen an ihrem neuen Mantel zu streichen.

„Anne schau mal, unter dem Baum liegen noch zwei Geschenke. Ich glaube, deinen Namen darauf gelesen zu haben", holt die Stimme der Mutter das Mädchen aus ihren Gedanken zurück.

„Für mich?" fragt das Mädchen erstaunt. „Wenn du Anne heißt, sind die Päckchen für dich", lacht die Mutter.

Nun hat sie es plötzlich sehr eilig. Sie nimmt die beiden Geschenke und setzt sich damit aufs Sofa. Vorsichtig entfernt sie das Papier von dem flachen, rechteckigen Päckchen und erblickt ein Buch.

„Nein", denkt Anne, „das glaube ich jetzt nicht! Die Eltern haben mir doch tatsächlich ein Buch gekauft." Sie liest den Titel: «Lore rettet ihre Stadt." Sie blättert weiter und überfliegt die Beschreibung des Buches:

„Eine wahre Geschichte aus dem Dreißigjährigen Krieg. Wie des Türmers Tochter Lore, ihre Heimatstadt Dinkelsbühl vor den Truppen des Feldherrn Tilly rettete."

Anne ist völlig aus dem Häuschen. Ein Roman, der im siebzehnten Jahrhundert spielt. Anne liebt den Geschichtsunterricht über diese längst vergangene Epoche über alles. Und jetzt ein Buch, dessen Handlung im Dreißigjährigen Krieg angesiedelt ist.

„Mutti, Papa, ich danke euch. Das Buch ist der pure Wahnsinn", bedankt sich Anne überschwänglich bei den Eltern.

Der Vater wiegelt ab und sagt: „Mich interessiert sehr viel mehr, was im anderen Päckchen drin ist." „Mich ebenfalls" mischt sich die Mutter ein.

„Ach ja, es gibt ja ein weiteres Geschenk. Wie konnte ich das vergessen?" Anne packt aus und erstarrt: „Das ist ja ein Schulmäppchen!" stottert sie. „Das sehe ich", lacht der Vater, „öffne es doch mal, wie sieht wie es innen drin aus?"

„Das sind ja zwei Reißverschlüsse!" ruft Anne aufgeregt. Sie öffnet die erste Seite. Dort finden sich ein Geodreieck, ein Zirkel, ein Lineal, Spitzer, Radiergummi und Bleistifte in verschiedenen Härtegraden. Anne ist sprachlos vor Glück.

Andächtig schaut sie in das andere Fach. Dort findet sie Farbstifte in großer Zahl. Und! Sie traut ihren Augen nicht: einen Patronenfüller von Geha. Grün, mit einer silbernen Kappe.

Anne fängt vor lauter Freude an zu weinen. Schluchzend fällt sie den Eltern um den Hals. „Danke, danke, vielen Dank!" stammelt sie. „Niemals hätte ich damit gerechnet, außer der teuren Kleidung noch weitere Geschenke zu bekommen. Und jetzt habt ihr mich zusätzlich mit einem Buch und einem supertollen Mäppchen beschenkt. Es ist nicht zu fassen!"

„Ach Anne", zärtlich streicht ihr der Vater über den dunklen Haarschopf. „Warum belastest du dich mit Angelegenheiten, die du nicht zu verantworten hast. Mach dir nicht immer solche Sorgen. Bis jetzt war es uns stets vergönnt, immer unsere Verbindlichkeiten prompt zu bezahlen."

Und die Mutter ergänzt: „Mit dem neuen Füller ist meine große Hoffnung verbunden, dass deine Schulhefte zukünftig frei von Tintenklecksen sind."

Jetzt lacht auch Anne wieder. „Das kann ich nicht versprechen. Aber dass ich ernsthaft versuche, die Kleckse aus den Heften herauszuhalten, das verspreche ich euch hoch und heilig."

„So, nun aber ein bisschen dalli." Die Mutter klatscht in die Hände. „Das Christkind war sicher schon bei Oma, Opa, Tante und Onkel."

Ungern trennen sich die Kinder von ihren neuen Spielsachen. Gehorsam folgen sie den Eltern nach unten in den Flur. Dort ziehen sie ihre warmen Sachen an und begeben sich, bepackt mit Geschenken, auf den Weg zur Verwandtschaft.

Der Mutter ist diese Tradition ein Dorn im Auge. Sie findet es nicht angemessen, dass ihre Familie gleich nach der Bescherung das Haus verlässt. Die Großeltern sind konservativ und streng. Sie verlangen die strikte Einhaltung der Regeln, die sie vor langer Zeit einmal aufgestellt haben. Ausnahmen oder Änderungen werden nicht zugelassen.

Leider beugen sich Annes Eltern um des lieben Friedens willen immer wieder den teils unsinnigen Anordnungen und Wünschen der Großeltern.

Draußen auf der Straße treffen sie auf eine stattliche Zahl von umhereilenden Menschen. Alle sind schwer bepackt mit Paketen auf dem Weg zu ihren Verwandten. Man kennt sich und wünscht sich gegenseitig „ein frohes und friedliches Fest".

Es ist klirrend kalt. Der Himmel ist klar und am Firmament leuchten unzählige Sterne. Überall sieht man durch die Fenster die Kerzen an den festlich geschmückten Weihnachtsbäumen brennen. Entlang der langen Hauptstraße hängen Lichterketten, wodurch die Straße in einem hellen Glanz erstrahlt.

„Wie ich diesen abendlichen Gang durch den Ort liebe", denkt Anne. „Alles ist so friedlich." Auf dem Kirchturm spielen die Turmbläser ihre Melodien. Vereinzelte, leise Töne weht der Wind bis in die Hauptstraße.

„Na, Anne, war das Christkindchen brav?" vernimmt sie aus der Dunkelheit die Stimme der Nachbarin. „Na klar, was dachten Sie? Das Christkind war so brav wie ich" lacht Anne. „Da bin ich aber beruhigt", gluckst die freundliche Frau. „Ich hatte schon so meine Bedenken." „Dito", mischt sich die Mutter ein. „Zweifel hatte ich nicht nur bei Anne, dergleichen bei ihren Brüdern."

Den ganzen Weg über fliegen nette Worte und gutgemeinte Wünsche hin und her. Man gewinnt fast den Eindruck, dass der gesamte Ort auf den Beinen ist.

Bei den Großeltern angekommen öffnet der schlechtgelaunte Opa und knurrt: „Ihr seid, wie immer spät dran."

Die Mutter bringt eine kleine Entschuldigung an, die der Alte aber nicht gelten lässt.

„Oh, du Fröhliche", denkt Anne. „Das wird ja wieder ein heiterer Abend werden. Warum wehrt sie sich nicht? Warum nur? Wenn sie ihm endlich nur ein einziges Mal die Meinung geigen würde. Nur ein einziges Mal. Vielleicht blieben uns dann seine unsäglichen Kommentare erspart" schießt es Anne wohl zum tausendsten Mal durch Sinn.

Sie tauscht mich Heri Blicke. Der zuckt mit den Schultern und tippt seine Zeigefinger an die Stirn. Anne verkneift sich ein Grinsen und begrüßt die Oma. Zumindest die ist freundlich.

Im Wohnzimmer werden sie schon ungeduldig von Tante, Onkel und der Cousine erwartet. Der Weihnachtsbaum der Großeltern ist klein, aber sehr liebevoll mit Engelshaar und echten Wachskerzen geschmückt.

„Kommt nicht zu nahe an den Baum!" schnarrt der alte Grantler. „Nicht, dass es noch anfängt zu brennen und wir die Feuerwehr alarmieren müssen!"

Anne ist es mal wieder nicht vergönnt ihr Mundwerk im Zaun zu halten: „Die brauchen wir ja nicht zu rufen, die ist ja schon da." Damit spielt sie auf die Mitgliedschaft des Opas in der Freiwilligen Feuerwehr an.

„Halt den Rand, du Naseweis", weist der Opa sie prompt zurecht. „Mädchen soll man sehen, aber nicht hören. Ach, was verschwende ich meine Zeit mit dir. An dir ist ohnehin Hopfen und Malz verloren!" knurrt der Alte bissig und winkt ab.

„Mach mal halblang, Vater" mischt sich die Tante ein. „Schon hundertmal habe ich dir gesagt, dass du nicht immer auf Anne herumhacken sollst. Und wo sie recht hat, hat sie recht."

„Hört auf zu streiten", jammert die Oma. „Am Heiligen Abend erwarte ich, dass Frieden herrscht. Erinnert Euch an die heilige Bedeutung des Festes, das wir heute feiern."

Anne wirft ihrer Mutter einen ängstlichen Blick zu. Diese legt einen Finger auf ihre Lippen. Anne nickt: „Alles klar, ich halte ab sofort meine vorlaute Zunge im Zaum."

Ansonsten lässt sie das Geschehen an sich vorbeiziehen. Unlustig blättert sie in einem dünnen Büchlein herum, das die Großeltern ihr geschenkt haben. „Lerne beten, Kind", so der verheißungsvolle Titel des Buches. Die Oma hat ihr das Geschenk mit den Worten überreicht. „Du bist jetzt ein Kommunionkind. Das bedeutet, viel zu beten. Das Büchlein wird dir dabei helfen, demütig mit Gott zu sprechen. Ich habe es extra für dich beim Pfarramt bestellt." Die Oma schaut das Mädchen erwartungsvoll an. Anne gibt die erwünschte Antwort: „Das ist überausgroßzügig von dir. Vielen Dank."

Mehr fällt ihr nicht dazu ein. Nach einem kurzen Blickkontakt mit Heri, der immer noch mit seinem Zeigefinger an seiner Stirn herumspielt, schaut Anne schnell wieder nach unten. Zu groß ist die Gefahr, dass sie anfängt prustend zu lachen. Vorsichtshalber beißt sie sich zusätzlich auf die Lippen. Sicher ist sicher.

Selbst Bescherungen bei Oma und Opa gehen vorbei und der Tross zieht weiter zur nächsten Beschenkung in der unteren Wohnung. Dort ist alles lockerer. Die Tante stellt fest, dass bereits genug gesungen wurde. Und Gedichte braucht auch niemand mehr aufzusagen.

Jeder bekommt ein Geschenk in seine Hände gedrückt und bedankt sich artig. „Mein Geschenk bräuchte ich nicht wirklich auszupacken. Ich kenne den Inhalt ohnehin" seufzt Anne innerlich.

Die Tante arbeitet in einem renommierten Geschäft für Haustextilien aller Art. Weihnachtsgeschenke aus dem dortigen Angebot sind eine passende Gelegenheit, um die Heiratsausstattung ihrer Nichte zu vervollständigen.

Annes Freude darüber hält sich in engen Grenzen, in sehr engen Grenzen.

Endlich ist der Besuch zu Ende. Annes Familie begibt sich aufatmend auf den Heimweg. Der Rückweg ist so kurzweilig wie der Hinweg. Immer noch sind sehr viele Leute auf den Straßen unterwegs.

Zu Hause kümmern sich alle gemeinsam um das Abendessen. Alljährlich gibt es am Heiligen Abend Kartoffelsalat und Würstchen. Auch deswegen, weil die Mutter dieses Gericht bereits in der Frühe vorzubereiten vermag.

Nach dem Essen ist es den Kindern erlaubt, so lange aufzubleiben, wie sie mögen und können.

Die Geschwister sitzen einträchtig im Wohnzimmer auf dem Boden und spielen mit den Geschenken. Die Puppenstube, der Bauernhof, die Ritterburg und der Kaufladen sind in ihrer Fantasie ein riesiges Dorf. Unzählige Spielarten fallen ihnen ein.

Der Vater hat die Spielsachen mit eigener Hand gefertigt. Jedes Jahr kommen ein paar neue Gebäude oder sonstige Verbesserungen hinzu.

Die Mutter ist für die textile Ausgestaltung der Puppenstube zuständig. Sie besorgt die neuen Päckchen für den Kaufladen, kümmert sich um den Ersatz zu Bruch gegangener Ritterfiguren und stattet den Bauernhof mit Kühen, Schafen und Federvieh aus.

Anne und ihre Brüder sind in der Lage, genau zwischen alt und neu unterscheiden und freuen sich riesig über jedes neue Stück, das hinzugekommen ist.

Das Phantasiedorf bedeckt einen großen Teil des Bodens und weitet sich immer mehr aus. Den Eltern ist es recht. Jede Kuh, jeder Ritter verbleibt dort, wo die Kinder sie oder ihn platziert haben.

Die Eltern sitzen gemütlich auf dem Sofa. Väterchen raucht genüsslich seine Zigarre. Die Zeitung liegt unberührt auf seinem Schoß.

Die Mutter zieht einen alten Pullover auf. „Die erhaltene Wolle werde ich zum Strümpfe stricken verwenden“

murmelt sie leise vor sich hin. Eine friedliche Stimmung macht sich in der warmen Stube breit. Fast körperlich ist die Zufriedenheit zu verspüren, die Kinder und Eltern erfüllt.

„Weihnachten ist ein Fest für Kinder" pflegt die Mutter zu sagen. Und der Vater fügt hinzu: „Wie unendlich dankbar müssen wir sein, dass es uns vergönnt ist, in solch friedlichen Zeiten zu leben."

Mittlerweile ist Michi auf dem Sofa eingeschlafen. Der Vater trägt den erschöpften Buben in sein Bett.

Dann ist es auch schon Zeit, sich auf die Christmette vorzubereiten, die um 00 Uhr in der Kirche gefeiert wird.

Anne freut sich schon auf Gaby, die sie bestimmt dort antreffen wird. Sie ist so gespannt, was die Freundin zu berichten hat.

Die Christmette ist ein Höhepunkt im Kirchenjahr und wird deshalb vom Pfarrer ausordentlich feierlich zelebriert. Mit etlichen Messdienern zieht er in der Kirche ein. Rechts gleich neben dem Altar steht ein riesiger Tannenbaum, geschmückt mit unzähligen, elektrischen Kerzen.

Auf der linken Seite ist die Krippe aufgebaut. Einige Männer und Frauen arbeiten fast das gesamte Jahr immer mal wieder an der Vervollständigung und Erhaltung dieses eindrucksvollen Kunstwerkes.

Anne liebt die alten Riten und Symbole. Die Weihnachtsgeschichte kennt sie auswendig. Sie wäre in der Lage, sie mitten in der Nacht aus dem Effeff aufzusagen. Und so bietet ihr beim Zuhören diese Geschichte immer wieder Raum, der Fantasie freien Lauf zu lassen und darüber zu rätseln, was damals in Bethlehem geschah.

Wie jedes Jahr endet die Mette mit einem gemeinsam gesungenem „Stille Nacht Heilige Nacht".

Jetzt erst verspürt sie Müdigkeit und freut sich auf ihr warmes Bett. Ein langer Tag, der geprägt war, von vielen Höhepunkten hat sein Ende erreicht.

Anne Michel

Kommt das Christkind?

Obwohl ich es noch nie gesehen hatte, wusste ich schon mit drei Jahren genau, wie das Christkind aussah: Es hatte ein wunderschönes kindliches Gesicht, schulterlanges blondes Haar und einen goldenen Stern auf dem Kopf. Aus seinem knöchellangen weißen Gewand schauten auf dem Rücken zwei federleichte weiße Flügel heraus.

Meine Mutter hatte Glück! In der Weihnachtszeit sah sie das Christkind oft abends aus unserem Wohnzimmerfenster fliegen. Immer rief sie mich sofort herbei, aber so sehr ich mich auch beeilte – bis ich ans Fenster kam, war das Christkind entweder schon in der Dunkelheit verschwunden, oder ich konnte es – obwohl meine Mutter aufgeregt gen Himmel zeigte und immer eindringlicher „da – da oben, siehst du es denn nicht?" rief - einfach nicht entdecken.

Das war vielleicht auch ganz gut so – denn ebenfalls von meiner Mutter wusste ich, dass das Christkind sehr scheu war. Außerdem legte es Wert darauf, dass die Kinder ihre Weihnachtsgeschenke zum ersten Mal bei der Bescherung sahen. In dieser Frage konnte das ansonsten liebliche Wesen unerbittlich sein! Es war schon vorgekommen, dass es neugierigen Kindern, die durch das Schlüsselloch „gelunst" hatten, alle bereits aus dem Himmel heruntergeschafften Sachen wieder weggenommen hatte! Es fiel mir nicht ganz leicht, diese Strenge mit der grenzenlosen

Güte, die ich mit dem Christkind verband, in Einklang zu bringen!

Besonders gut kann ich mich an das Weihnachtsfest kurz vor meinem vierten Geburtstag erinnern:

Schon Wochen vor dem Heiligen Abend war die Tür zwischen Wohnzimmer und Küche verschlossen, damit das Christkind ungestört arbeiten konnte. Manchmal hörten Mama und ich ein leises Rumpeln im Wohnzimmer, aber auch wenn es ganz still war, konnte man in der Küche einen außergewöhnlichen Duft wahrnehmen, wenn das Christkind gerade in dem kleinen Raum nebenan war.

Meine Spannung stieg von Tag zu Tag und ich konnte den Heiligen Abend kaum erwarten! Endlich war es so weit! Als es langsam zu dämmern anfing, gingen wir zu Oma Kaffee trinken und ich hielt es vor Angst kaum aus, als mein Vater - ohne Rücksicht auf möglicherweise schreckliche Konsequenzen! - zurück in unsere Wohnung ging, um sich umzuziehen. Und dann läutete drei Mal ein helles Glöckchen durchs ganze Haus! Ich stürmte die Treppen hinauf und blieb wie erstarrt in der Wohnzimmertür stehen. Was sich mir darbot, überstieg alles, was ich mir vorgestellt hatte! Von weither läuteten die Weihnachtsglocken, es duftete nach Tanne und unzählige Wachskerzen tauchten den ganzen Raum in ein geheimnisvolles Licht. Unter dem Weihnachtsbaum schlief meine geliebte Babypuppe Peterchen unter einer flauschigen Decke in einem blauen Himmelbettchen. Unmittelbar daneben war ein begehbarer Kaufladen aufgebaut, in dem meine große Puppe Sigrid arbeitete und sich geschäftig einen roten Telefonhörer ans Ohr hielt. Etwas abseits davon stand eine wunderschöne, mit kleinen Holzmöbeln und winzigem Geschirr ausgestattete Puppenküche. An dem einladend gedeckten Küchentisch warteten die Mutter und ihre beiden Kinder auf den Vater, der im Badezimmer nebenan voll bekleidet in einer kleinen Zinkbadewanne saß.

Ich hatte nicht den geringsten Zweifel daran, dass der Raum noch Sekunden vorher voll mit Engeln gewesen war.

Monate später saß ich malend am Küchentisch, als plötzlich nebenan das Weihnachtsglöckchen läutete. Ich stürmte ins Wohnzimmer, spähte vorsichtig in alle Ecken – aber außer Frau Preuß, die gerade unseren Wohnzimmerschrank auswischte, war niemand da. Hatte Frau Preuß gerade ein messingfarbenes Glöckchen mit einem schwarzen Holzgriff ganz nach hinten in den Schrank geschoben?! Die Sache war mir so unheimlich, dass ich sie vorsichtshalber für mich behielt, und auch im Hinblick auf die nächste Bescherung nicht riskierte, im Schrank nach dem Glöckchen zu suchen! Aber vergessen konnte ich die seltsame Angelegenheit nicht!

Für das Weihnachtsfest vor meinem sechsten Geburtstag hatte ich mir vom Christkind ein Puppen-Teeservice gewünscht! Die Tür zum Wohnzimmer war noch nicht verschlossen, Weihnachten also noch in weiter Ferne, als ich zufällig in einer Truhe im Schlafzimmer einen Pappkarton mit winzigen Plastiktässchen und -tellerchen entdeckte. Erschrocken ließ ich den Truhendeckel zufallen und rannte in den Flur! Eigentlich war es gar nicht möglich, dass diese hässlichen Teile etwas mit dem Teeservice zu tun haben könnten, das ich mir zu Weihnachten gewünscht hatte. Das Christkind würde ja auch bestimmt keine Geschenke in unserer Truhe deponieren! Oder war doch etwas dran an den Behauptungen der Kinder, dass es gar kein Christkind gebe?

Als mit der verschlossenen Wohnzimmertür endlich die Weihnachtszeit begann, erzählte meine Mutter mir, wie schon in den Jahren zuvor, ihre wunderschönen Geschichten vom Christkind und seinen Engelchen — aber so ganz unbedarft konnte ich ihr in diesem Jahr nicht folgen. Dennoch gelang es meiner Mutter jeden Tag ein bisschen mehr, in mir diese geheimnisvolle weihnachtliche Stimmung zu erzeugen, in der es für Zweifel eigentlich keinen Raum geben sollte! Vorsichtshalber zog ich es dennoch in Erwägung, dass das hässliche Teeservice als Geschenk unter dem Tannenbaum liegen könnte! Und so war es dann auch!

Da stand ich nun in dem festlich geschmückten Raum und starrte auf das Plastikgeschirr! Langsam begriff ich: Nichts von dem, was da vor mir ausgebreitet war, hatte das Christkind aus dem Himmel heruntergebracht! Es gab gar kein Christkind! Alle Geschenke hatten meine Eltern in ganz normalen Geschäften gekauft. Belogen hatten sie mich!

In meinem Kopf überschlugen sich die Gedanken! Traurig und auch ein bisschen beschämt schaute ich meine Eltern an. Aber die standen glücklich lächelnd neben mir und warteten mit strahlenden Augen auf meine Begeisterung über die weihnachtliche Bescherung. Alles war wieder so liebevoll hergerichtet, dass ich nicht anders konnte: Um meinen Eltern ihre Freude nicht zu nehmen und auch, um sie am Heiligen Abend nicht als Schwindler dastehen zu lassen, spielte ich ihnen vor, dass ich weiterhin ans Christkind glauben würde.

Obwohl mir das sicher nicht besonders gut gelungen ist, sprachen auch meine Eltern das Thema „Christkind" nicht an! Auch ohne Worte waren wir uns einig, dass Weihnachten so verlaufen sollte wie bisher!

Ich hätte gerne noch viele Jahre ans Christkind geglaubt! Denn so wie ich es bereits beim Anblick des Plastikservice unter dem Weihnachtsbaum geahnt hatte, ist die zauberhafte, geheimnisvolle Stimmung, die aus den Weihnachtstagen wahre Festtage gemacht hatte, nie mehr wiedergekommen.

Die mit dem Glauben ans Christkind verbundene Weihnachtszeit gehört zu meinen schönsten Kindheitserinnerungen. Danke!

Rita Eckert